# GEORG SCHWEINFURTH

## Au pays des Mombouttous

Postface de
Dominique Sewane

Couverture de
**Olivier Fontvieille**

ÉDITIONS MILLE ET UNE NUITS

# GEORGE A. SCHWEINFURTH
## n° 452

La présente édition
reprend les chapitre XV et XIV du tome II de George A. Schweinfurth,
*Au cœur de l'Afrique (1868-1871) Voyages et découvertes
dans les régions inexplorées de l'Afrique centrale*,
2 volumes, 1875 pour l'édition française.

Toutes les illustrations intérieures sont des reproductions
de gravures originales de l'auteur.

Notre adresse Internet : www.1001nuits.com

© Mille et une nuits, département de la Librairie Arthème Fayard,
mai 2004 pour la présente édition.
ISBN : 2-84205-836-4

# Sommaire

*George A. Schweinfurth*
Au pays des Mombouttous
*page 7*

*Dominique Sewane*
Des cannibales
*page 113*

Repères bibliographiques
*page 125*

# GEORGE A. SCHWEINFURTH

# Au pays des Mombouttous

Abd-es-Sâmate (à droite au premier plan), vêtu du costume traditionnel mombouttou, présente un esclave akka à George A. Schweinfurth (à gauche).

# Au cœur de l'Afrique

**Chapitre XV**

Les Mombouttous. – Population. – Peuples voisins. – Frontières. – Agriculture. – Produits du sol. – Produits de la chasse. – Manières de saluer. – Préparation de la nourriture. – Cannibalisme. – Orgueil national et esprit guerrier. – Puissance du souverain. – Ses habitudes. – Sa maison. – Civilisation des Mombouttous. – Différences physiques. – Chevelures blondes et teints pâles. – Analogie avec les Foulbés. – Préparation de l'écorce. – Nudité des femmes. – Habitude de se peindre le corps. – Coiffures. – Point de mutilation. – Industrie du fer. – Ancienne connaissance du cuivre. – Existence probable du platine dans le pays. – Outillage. – Sculpture. – Bancs et tabourets. – Poterie. – Plantations. – Idée de l'Être suprême.

Ce ne fut qu'en décembre 1868, au moment où j'allais m'éloigner de Khartoum[1], que j'appris l'existence d'un peuple vivant au sud des Niams-Niams[2], et

---
1. Il s'agit de la capitale du Soudan, se situant au confluent du Nil Bleu et du Nil Blanc. (N.d.É.)
2. Dans *Au cœur de l'Afrique*, l'auteur consacre plusieurs chapitres à

qu'on appelait les Mombouttous. Le docteur Ori, médecin en chef du Soudan égyptien, avait, dans une lettre écrite au marquis Antinori, parlé du commerce de l'ivoire dans la province du Ghazal et donné des renseignements sur les nouvelles opérations de Jules Poncet[3]. Ces détails furent bientôt publiés dans le journal de la Société géographique de Paris, et je trouvai la lettre du docteur reproduite *in extenso* dans le premier volume du *bolletino della Società geografica italiana*, qui me fut envoyé par le marquis Antinori au moment de mon départ.

Les rapports d'Ori et de Poncet ne répandaient aucun jour sur les témoignages confus des hommes ignorants qui décrivaient si mal ce qu'ils avaient pu voir, mais ils parlaient de certaines découvertes géographiques que j'étais destiné à vérifier. Ainsi, ils donnaient pour certain : 1° qu'au sud du pays des Niams-Niams se trouvait une rivière qui se dirigeait vers l'ouest ; 2° que cette rivière n'était pas un des affluents du Nil[4], et que sur ses bords vivait un peuple différant des nègres par un teint plus clair et par une

---

cette tribu anthropophage qui vit dans un territoire situé entre le bassin du Nil et celui du lac Tchad.(N.d.É.)

3. Jules Poncet et son frère Ambroise sont les premiers explorateurs français du Soudan équatorial.(N.d.É.)

4. Heuglin déjà, en 1863, annonçait qu'il avait entendu parler d'un fleuve d'une importance égale à celle du Nil, et qui se dirigeait vers l'ouest. Ce fleuve, disait-il, s'appelle Séna, du nom d'un roi niam-niam qui demeure sur ses rives. (N.d.A.)

civilisation qui, pour le centre de l'Afrique, était surprenante.

Les gens ainsi désignés étaient les Mombouttous, que les trafiquants d'ivoire appelaient Gourougourous, d'un mot arabe qui signifie percé ; qualification motivée par l'habitude qu'ont ces gens de se perforer la conque de l'oreille pour y insérer un bâtonnet.

À mon arrivée dans les Zèribas, je fus frappé du rôle important que jouaient les Mombouttous dans les entretiens des chefs d'expéditions, et de la place qu'ils occupaient dans l'estime de ces derniers.

C'était à qui ferait de leur pays le plus grand éloge ; on y trouvait de l'ivoire en abondance et des produits naturels de toute espèce ; la magnificence du souverain était sans égale, et l'habileté industrielle des habitants arrivée à un tel point, qu'à certains égards les Francs eux-mêmes ne pouvaient la surpasser.

Visiter cette nation devint naturellement le plus ardent de mes désirs, et l'on comprend avec quel bonheur je saluai, dans Abd-es-Sâmate[5], l'homme qui, pour moi, avait découvert cette nébuleuse à peine indiquée sur nos cartes. On se figure avec quel transport j'accueillis sa proposition de me conduire chez ce peuple si différent des tribus dont il est entouré, et qui, au milieu de ces races hétérogènes, peut être comparé à un bloc erratique ou au produit

---

5. *Cf. infra*, p. 115.

soulevé d'un système antérieur à la formation environnante.

Le territoire des Mombouttous ne semble pas avoir une aire de plus de quatre mille milles carrés, mais il doit figurer parmi les régions les plus populeuses du continent. D'après ce que j'ai vu dans les districts que nous avons traversés, et où les cultures se succèdent d'une manière ininterrompue, où les hameaux se rencontrent à chaque pas, il doit compter au moins deux cent cinquante habitants par mille carré, et sa population doit être d'un million d'hommes.

Il est situé entre le troisième et le quatrième degré au-dessus de l'équateur, et à peu près entre les vingt-sixième et vingt-septième degrés de longitude, à l'est du méridien de Paris. Au nord, il est borné par le Kîbali, dont nous avons dit l'importance, par la Gadda, venant du sud-est, et par l'Ouellé, qui résulte de la jonction de ces deux rivières.

Même à l'époque la plus sèche de l'année l'Ouellé a plus de quinze pieds d'eau et d'une largeur de huit cents pieds. En allant à l'ouest il côtoie la partie sud du pays des Niams-Niams et se grossit de nombreux tributaires que lui envoient les districts méridionaux du Mombouttou. C'est évidemment le cours supérieur de la plus orientale des deux branches qui se réunissent dans le Baghirmi, où elles forment le Chari, et auquel le lac Tchad doit son origine.

Le pays des Mombouttous est divisé en deux royaumes : celui d'Orient et celui d'Occident. Ce der-

# AU PAYS DES MOMBOUTTOUS

Guerrier niam-niam

nier est gouverné par Mounza, fils de Tikibo, dont le pouvoir s'étendait sur toute la contrée, et qui fut assassiné en 1865 ou 1866 par son frère Degbêrra, aujourd'hui roi de la partie orientale, beaucoup moins grande que celle du couchant.

Les provinces sont commandées par des vice-rois ou grands vassaux, qui mènent la même existence que leur suzerain et sont entourés de la même pompe. Mounza a trois de ces lieutenants : Isinghêrria, Moûmméri et Nouma, qui sont ses frères. Degbêrra en a quatre ; ce sont ses fils : Koubbi, Benda, Koupa et Yangara.

Au nord et au nord-ouest, le pays des Mombouttous a pour limite celui des Niams-Niams, qui comprend les territoires de Kanna et d'Indimma, fils du puissant Kifa ; plus loin, le district de Malingdi ou Marindo, et vers l'est les possessions d'Ouando. Ces contrées sont séparées les unes des autres, ainsi qu'on l'a vu précédemment, par des solitudes qu'on ne peut franchir qu'en deux jours de marche.

Enfin, au midi, les Mombouttous sont entourés d'un demi-cercle de tribus nègres qu'ils appellent en bloc du nom de Mômvous, terme de mépris qui fait allusion à l'état d'infériorité de ces peuplades.

Ne doivent pas être regardés comme de la même souche, ici non plus que dans les autres parties de l'Afrique, ces peuples nains, tels que les Akkas, par exemple, qui vivent au sud-sud-ouest du royaume de Mounza. Les Akkas, dont la race paraît être nombreuse, ont en général leurs chefs indépendants, mais quelques-uns d'entre eux relèvent de Mounza et lui payent tribut par l'intermédiaire de Moûmméri.

S'il faut en croire les Nubiens qui ont passé les dernières années dans le pays des Mombouttous, la langue des Baboûkres serait parlée chez les Mômvous. Comme preuve à l'appui de leur assertion, ces Nubiens font observer que les esclaves baboûkres ont toujours pu se faire comprendre des indigènes qui vivent au sud des territoires de Mounza et de Degbêrra ; circonstance qui jette un certain jour sur les récentes émigrations des peuplades de cette partie de l'Afrique. D'autre part, les deux essaims de Baboûkres formant enclave sur les frontières orientales des Niams-Niams, à soixante milles l'un de l'autre, et maintenant encore entourés de tribus hostiles, sembleraient démontrer que les Mombouttous et les Niams-Niams sont arrivés du couchant.

Au sud-ouest et au sud du royaume de Kanna, Mounza a pour voisins les Mabôdés, qui furent en guerre avec Kifa, père de Kanna, jusqu'au moment où ils le tuèrent dans une bataille. Plus loin, vers le sud-sud-ouest, et séparé du royaume de Mounza par les Mabôdés et par les Akkas, se trouve le territoire des Massanzas, qui a pour chef un prince redouté du nom de Kiso.

Au sud et au sud-est, les Némaïghés, les Bissangâs et les Domondoûs habitent un pays mouvementé qui est peut-être la pente occidentale du massif que Baker a vu au nord-ouest du Mvoutan et qu'il appelle Montagnes-Bleues.

Le territoire des Domondoûs est le but habituel des razzias des Mombouttous. Quelques Nubiens, restés en garnison chez Mounza, et qui l'avaient accompagné dans ses maraudes, m'ont dépeint la contrée comme étant un pays montagneux. On y avait pris, disaient-ils, une grande quantité de chèvres ; animaux qui ne se trouvent ni chez les Niams-Niams ni chez les Mombouttous, mais dont les Baboûkres, soumis également aux incursions incessantes de leurs voisins affamés de viande, possèdent aussi d'innombrables troupeaux.

À un grand nombre de journées de marche au sud et au sud-est du royaume demeurent les Maoggous, sujets d'un roi puissant qui était en bonnes relations avec Mounza, puisqu'il lui avait envoyé les bœufs magnifiques que j'ai vus.

Maoggous et Maleggas ne sont peut-être qu'un seul et même peuple, habitant la grande province que la carte de Baker, où elle est désignée sous le nom d'Oulegga, porte à l'ouest des Montagnes-Bleues. Ce peuple est gouverné, dit-on, par le roi Kadjoro, et se consacre à l'élève du gros bétail.

Maintenant que nous en avons fait connaître les voisins, examinons la contrée qu'habitent les Mombouttous, car le paysage est le fond du tableau de la vie humaine.

Cette contrée – on ne se lasse pas de le dire – produit sur le voyageur l'effet d'un paradis terrestre.

D'innombrables bosquets de bananiers y couvrent les ondulations du sol ; des éléis d'une beauté sans pareille et d'autres monarques des forêts déploient leurs cimes au-dessus d'une végétation favorisée et surmontent d'une voûte ombreuse les demeures rustiques des habitants.

Le pays a une altitude moyenne de deux mille cinq cents à deux mille huit cents pieds au-dessus du niveau de la mer ; il se compose de vallonnements où circulent des ruisseaux profondément encaissés, vallonnements dont les côtes en pente douce atteignent plusieurs centaines de pieds d'élévation.

De même que chez les Niams-Niams, le sol imbibé cache des sources dans chacun de ses plis, et peut être comparé à une éponge d'où s'échappent d'innombrables filets d'eau. Le minerai de fer, tel que nous l'avons vu jusqu'ici – une limonite de formation récente – y est largement répandu, et donne au sol cette teinte rouge que semble offrir la majeure partie des hautes terres de l'Afrique centrale.

Dans le fond des vallées, les arbres poussent avec une vigueur et arrivent à une circonférence qu'ils n'atteignent jamais dans la partie septentrionale du bassin du Nil. On pourrait appliquer au pays la description que le capitaine Speke a faite de l'Ouganda, mais par leur aspect, qui est celui d'une race différente, par leur coutumes, par leur abstention, jusqu'à ces dernières années, de tout rapport avec les autres peuples, ses habitants forment un groupe d'un caractère spécial.

Bien que leur nombre les ait contraints à multiplier les défrichements, on ne saurait qualifier les Mombouttous d'agriculteurs. Ils font entrer, il est vrai, les fruits et les légumes dans leur alimentation, et pour une large part, mais la culture des céréales leur est antipathique. Le sorgho et le pénicillaire, qui forment la base de l'alimentation de presque tous les peuples de l'Afrique centrale, n'existent pas chez eux. L'éleusine ne s'y rencontre qu'accidentellement ; le maïs, qu'ils appellent *nendô*, ne se trouve que dans les jardins, où il est considéré comme légume.

La patate, que l'on voit partout sur le haut des pentes ensoleillées, et le manioc, qui abonde dans les vallons, figurent parmi les principales ressources du pays, mais acquièrent toute leur perfection – volume et qualité – sans exiger de grands soins. Il en est de même de la colocase et de l'igname, *neggou* des indigènes.

Enfin, la banane, généralement récoltée en vert, puis séchée, réduite en farine et mangée sous forme de bouillie, est le fond de la nourriture des indigènes. Or, pour avoir des bananiers, il leur suffit de planter les rejets dans une terre que la pluie vient d'amollir ; le pied se développe rapidement et produit sans culture jusqu'à ce qu'il meure de vieillesse. Toutefois, la richesse des plantations n'en est pas moins due, en grande partie, à l'intelligence que les Mombouttous apportent dans le choix des sujets. Avec une habileté que pourraient leur envier beaucoup de jardiniers européens, ils savent distinguer à première vue le plant stérile de celui qui donnera des fruits, d'où une extrême abondance.

Parfois ils laissent mûrir la banane, qu'ils font sécher ensuite au soleil ; elle forme alors une conserve de premier ordre.

La canne à sucre, nous l'avons dit, vient spontanément dans toutes les éclaircies des bois situés au bord de l'eau. Cultivée seulement comme friandise, elle ne l'est nulle part sur une grande étendue ; sa qualité d'ailleurs est plus que médiocre.

Le sésame – leur *mbellémô* – l'arachide et le tabac de Virginie, ce dernier surtout qu'ils appellent *e-tobbou*, nom qui révèle une origine exotique, sont les seules plantes que les indigènes se donnent la peine de soigner ; et ils ne les cultivent que dans des limites fort restreintes.

Le tabac commun, que l'on voit partout chez les Dinkâs, les Diours et les Bongos, est ici complètement inconnu.

Les Mombouttous ignorent à peu près l'art du tissage ; et, comme beaucoup de peuplades du centre de l'Afrique, ils n'ont que des vêtements d'écorce. La peau de bête ne s'emploie chez eux que pour les costumes de fantaisie à l'usage des danseurs. C'est le liber d'un figuier, l'urostigma Kotschyana, qui leur tient lieu d'étoffe. L'urostigma ne semble pas exister dans le pays à l'état sauvage ; je ne l'ai vu que dans les endroits cultivés, mais il n'est pas de demeure près de laquelle on ne l'aperçoive.

Dès qu'on a franchi l'Ouellé, on trouve de grandes plantations d'éléis. Très commun sur la côte occidentale, ce palmier n'a pas encore été découvert dans les pays du Nil ; et, de même que la noix de cola, dont les gens riches font usage, il témoigne des rapports que les Mombouttous ont avec les habitants de la région africaine de l'ouest.

L'élevage du bétail est complètement inconnue aux sujets de Mounza, qui n'ont pas d'autres animaux domestiques que des poules (*naalés*) et des chiens (*nessis*) de petite race niame-niame. Mais une espèce de cochon, le *potamocherus*, est chez eux à demi privée ; et, comme nous l'avons dit, les razzias qu'ils font chez les Mômvous leur procurent d'énormes quantités de chèvres. Toutefois ils préfèrent l'éléphant, le sanglier, le buffle et les grandes antilopes, à la chair de ces animaux, et, bien que leur pays soit trop peuplé pour être aussi giboyeux que les solitudes de la contrée des Niams-Niams, la grosse bête y est assez abondante pour fournir à leurs besoins.

Ils ont d'ailleurs l'art de conserver les produits de leur chasse qui, en certaines saisons, est très fructueuse ; ils les préparent de telle manière que ces produits se conservent fort longtemps. Ce serait donc une erreur de prétendre que les Mombouttous sont devenus anthropophages par suite du manque de nourriture animale. D'après la quantité d'ivoire que j'ai vue dans les magasins du roi, et qui provenait uniquement de la chasse des indigènes, la viande seule des éléphants tués dans le pays aurait suffi à l'approvisionnement du peuple. En outre, chaque habitation possède une basse-cour très nombreuse, dont l'appoint n'est pas à dédaigner ; et, de même que les Niams-Niams, les Mombouttous élèvent le chien comme bête de boucherie, la viande de cet animal étant chez eux en très grande faveur.

Il y a ensuite le gibier à plume : d'abord le perroquet à robe grise (*psittacus erythacus*), très répandu dans la contrée, oiseau dont la queue, d'un rouge éclatant, sert à orner les coiffures, et qui n'est pas moins estimé pour sa chair savoureuse que pour ses vives couleurs. Puis la pintade, le francolin et l'outarde, qui se prennent au piège, tandis qu'on chasse le perroquet.

Enfin le poisson entre pour une part considérable dans l'alimentation publique ; on le tue avec la téphrosie de Vogel[6], plante vénéneuse qui l'empoisonne sans le rendre nuisible, et qui est cultivée dans tous les villages pour servir d'engin de pêche.

Pendant que leurs femmes s'occupent du ménage, cultivent le sol et en récoltent les produits, font sécher les fruits et les emmagasinent, les réduisent en poudre, préparent les repas, fabriquent la poterie et

---
6. On trouve aux Indes occidentales une plante de la même famille, également employée dans le même but par les nègres, qui en ont répandu l'usage dans le pays. (N.d.A.)

le feutre d'écorce, les Mombouttous, quand ils ne sont pas à la guerre ou à la chasse, ne font absolument rien. Ils passent la matinée couchés sur leurs bancs, et fument leur pipe à l'ombre des éléis. Vers le milieu du jour, ils vont se mettre au frais dans de grandes salles où ils causent avec leurs amis, en faisant force gestes. Notons à ce propos l'étrange façon dont ils expriment leur étonnement : en pareil cas, ils ouvrent la bouche et se la couvrent de la paume de la main. On dit que les Indiens du nord de l'Amérique témoignent leur surprise de la même manière.

Le travail de la forge incombe aux ouvriers mâles. La sculpture et la vannerie se font indifféremment par les deux sexes, mais les instruments de musique ne doivent jamais être touchés que par les hommes.

Quand ils s'abordent, les Mombouttous se présentent la main droite et se prennent le doigt du milieu, qu'ils font craquer en disant : *gassigghi*.

Une extrême liberté règne entre les deux sexes ; les femmes des Mombouttous sont bien loin d'avoir, à cet égard, la réserve de celles des Niams-Niams. J'ai dit plus haut combien elles sont indiscrètes, au point de forcer votre porte, de vous suivre partout, de vous relancer jusque dans votre bain.

Dans leur ménage, elles ont une grande indépendance. On peut en juger par cette réponse, qui m'était faite chaque fois que je demandais à un Mombouttou de me vendre l'un des objets de la maison : « Oh ! demandez à ma femme : c'est à elle. »

La polygamie n'a pas de bornes, et les liens du mariage sont fort peu respectés. En général, ces dames m'étonnaient par leur conduite ; surtout lorsque j'envisageais le degré de civilisation auquel le pays est arrivé. Leur obscénité dépasse tout ce que j'ai observé chez les tribus les plus inférieures, et forme un contraste frappant avec la tenue des femmes bongos, qui sont souvent soumises à leur mari sans être serviles. Plus que légèrement vêtues, ces dernières, dont un bouquet de feuilles constitue le seul voile, n'en sont pas moins drapées de leur décence et de leur dignité ; et, de même que la Vénus du Capitole ou celle de Milo, elles nous obligent à les regarder d'un œil chaste. Mais il en est autrement de la nudité presque entière des femmes Mombouttous, nudité qui reste sans excuse.

Personne dans le pays ne s'assied par terre, pas même sur une natte. Les hommes, on se le rappelle, ont des bancs sculptés qu'ils font porter derrière eux par des esclaves, quand ils se rendent à une assemblée, ou qu'ils vont faire des visites. Pour les femmes, un escabeau de forme ronde et à un seul pied, est leur siège habituel.

La préparation des aliments est, selon toute apparence, l'objet de très grands soins ; et dans cette région, c'est une marque infaillible d'un haut degré de culture physique.

À l'égard du manioc, les femmes mombouttous se servent du mode de traitement qui est employé dans l'Amérique du sud pour obtenir la cassave. Comme épices, elles font usage du malaghette, ainsi que du fruit de deux solanées qui n'ont pas encore de nom parmi nous, et que j'aurais qualifiées d'*anthropophagorum*, si déjà cette qualification n'avait été appliquée à la salade des Fidjiens. Ces solanées ont un goût détestable, qui ne rappelle ni la saveur de la tomate ni celle de l'aubergine.

Les champignons sont également d'un emploi général dans la confection des sauces.

Beaucoup de mets sont accommodés à l'huile d'éléis que l'on a extraite de l'enveloppe du fruit. Cette huile, avant d'être clarifiée, est épaisse et d'un rouge vif, elle a d'abord un goût agréable, mais elle ne tarde pas à rancir. Soumise à l'action du feu, la noix produit en outre une mauvaise huile empyreumatique, qui sert pour l'éclairage.

Il se fait également une grande consommation d'huile de sésame, d'arachide, de lophire ailé, et de celle que l'on retire, par ébullition, des mâles de termite, produit limpide et brillant, dont la saveur n'a rien de désagréable. Mais la graisse d'homme est d'un usage plus universel encore, et ceci nous amène au point capital de nos observations culinaires.

De toutes les parties de l'Afrique où l'on a vu pratiquer l'anthropophagie, c'est ici qu'elle est le plus prononcée. Entourés au sud de noires tribus d'un état social inférieur, et qu'ils tiennent en profond mépris, les Mombouttous ont chez ces peuplades un vaste champ de combat, ou, pour mieux dire, un terrain de chasse et de pillage, où ils se fournissent de bétail et de chair humaine. Les corps de ceux qui tombent dans la lutte sont immédiatement répartis, découpés en longues tranches, boucanés sur le lieu même et emportés comme provisions de bouche.

Conduits par bandes, ainsi que des troupeaux de moutons, les prisonniers sont réservés pour plus tard et égorgés les uns après les autres, pour satisfaire l'appétit des vainqueurs. Les enfants, d'après tous les rapports qui m'ont été faits, sont considérés comme friandise et réservés pour la cuisine du roi. Pendant notre séjour chez les Mombouttous, le bruit courait que presque tous les matins on tuait un enfant pour la table de Mounza.

Nous n'avons pas eu l'occasion d'assister à ces horribles mangeries, mais une fois, arrivant inaperçu devant une case où, près de la porte, se trouvait un groupe de femmes, je vis celles-ci en train d'échauder la partie inférieure d'un corps humain, absolument comme chez nous on échaude et l'on racle un porc, après l'avoir fait griller. L'opération avait changé le noir de la peau en un gris livide. Quelques jours après je remarquai, dans une maison, un bras d'homme qu'on avait suspendu au-dessus du feu, évidemment pour le boucaner.

Non seulement nous trouvions à chaque pas des signes d'anthropophagie, mais nous reçûmes de la bouche du roi la confirmation du fait et l'explication du peu d'exemples que nous en avons eus. Nous étions chez Mounza, le Kénousien et moi ; Abd-es-Sâmate fit tomber l'entretien sur ce chapitre, et demanda comment il se faisait que, depuis notre arrivée, on n'eût pas mangé de chair humaine dans le pays. Le roi lui répondit que, sachant toute l'horreur que cette nourriture nous inspirait, il avait donné des ordres pour qu'elle fût préparée et mangée secrètement.

D'ailleurs, il n'est pas dans les habitudes des Mombouttous de recevoir les étrangers lorsqu'ils prennent leur nourriture, et les gens de notre caravane n'avaient aucune occasion d'assister à leurs repas. Considérés comme des sauvages, parce qu'ils n'étaient pas circoncis, les Bongos et les Mittous en étaient exclus ; et les Nubiens, à leur tour, prétextaient de leur religion pour ne pas s'attabler avec des cannibales.

Toujours est-il – le fait est certain – que l'anthropophagie existe à un degré beaucoup plus haut chez les Mombouttous que chez les Niams-Niams. Je laisse de côté les récits des Nubiens, les rapports que ces témoins oculaires m'ont faits personnellement de leurs razzias, où l'homme est découpé en longues aiguillettes, séché et fumé pour servir de provisions. Les crânes si nombreux que possède aujourd'hui le musée anatomique de Berlin, et que j'ai choisis, dans les amas d'ossements, débris de cuisine, qui m'étaient apportés chaque jour, garantissent l'exactitude de mon assertion : que le cannibalisme des Mombouttous est sans pareil dans le monde entier.

Et cependant les Mombouttous sont une noble race [7], des hommes bien autrement cultivés que leurs voisins, à qui leur régime fait horreur. Ils ont un esprit public, un orgueil national ; ils sont doués d'une intelligence et d'un jugement que possèdent peu d'Africains et savent répondre avec bon sens à toutes les questions qu'on leur adresse. Leur industrie est avancée, leur amitié fidèle. Les Nubiens qui résident chez eux n'ont pas assez d'éloges pour vanter la constance de leur affection, l'ordre et la sécurité de leur vie sociale, leur supériorité militaire, leur adresse, leur courage : « Tu ne les crains pas, disent-ils à l'arrivant ; moi je les crains : ils sont redoutables pour tout le monde. »

Les Khartoumiens l'avaient appris à leurs dépens. Lorsque Abou Gouroûn, qui se trouvait dans le Kifa, voulut pénétrer chez les Mombouttous, il rencontra au nord de l'Ouellé une armée résolue à lui barrer le passage. Tikibo, père de Mounza, régnait alors, et c'était sa fille qui commandait l'armée. Des témoins oculaires m'ont raconté comment cette amazone, ayant pris le vêtement d'écorce, la lance et le bouclier

---

7. Ce n'est pas le premier exemple d'un peuple arrivé à un certain degré de civilisation, et qui n'en est pas moins anthropophage : les Caraïbes et les Fidgiens en sont la preuve. (N.d.A.)

des gens de guerre, avait brillamment conduit ses troupes, et comment ses soldats, qui, pour la première fois, se trouvaient en présence d'armes à feu, avaient fait éprouver aux Nubiens des pertes considérables et forcé Abou Gouroûn, cité pour sa bravoure, d'abandonner tout projet d'invasion.

L'année suivante, 1867, Mounza, qui venait de succéder à son père, envoya un message à Abd-es-Sâmate, dont les expéditions n'avaient pas encore pénétré au delà des territoires de Nganyé et d'Ouando. Par ce message, le roi invitait Sâmate à nouer avec lui des relations commerciales. Le Kénousien répondit à cet appel et ouvrit la traite de l'ivoire dans ce pays, où il entra le premier, non par droit de conquête, mais par suite d'une entente que rien n'a troublée depuis lors.

Chez les Mombouttous, les souverains jouissent de prérogatives bien autrement étendus que celles des chefs niams-niams. Au monopole de l'ivoire ils joignent le revenu de contributions régulières prélevées sur les produits du sol.

Outre leurs gardes du corps, ils ont un entourage considérable ; et de nombreux fonctionnaires civils les représentent sur tous les points du territoire.

Les trois frères de Mounza administrent les provinces, en qualité de vice-rois, et ont sous leurs ordres les gouverneurs des districts. Immédiatement après ceux-ci viennent les grands officiers de la couronne, choisis d'ordinaire parmi les membres de la famille royale, et qui sont au nombre de cinq : le conservateur des armes, le maître des cérémonies, le surintendant des magasins, l'intendant de la maison des épouses du roi, et le drogman en chef pour les relations diplomatiques.

Mounza ne quitte jamais sa résidence sans être accompagné de plusieurs centaines de gens de sa suite, et précédé d'une longue file de tambours, de trompettes et de coureurs qui font sonner des cloches de fer.

Quatre-vingts femmes composent le sérail et ont chacune un logement séparé qu'elles habitent avec leurs esclaves. Les quatre-vingts demeures sont comprises dans l'enceinte du palais et entourent elles-mêmes une cour spacieuse, dont le sol battu contraste agréablement, par sa teinte rouge, avec le vert foncé des éléis, des arbres à pain, des cécropias, des vitex, des urostigmas et autres arbres qui le protègent de leur ombre.

Les salles que nous avons décrites dépendent également du palais ; elles ne servent pas uniquement aux fêtes de la cour : c'est là que se tient le conseil et que le roi donne ses audiences.

Classées d'après leur âge et leur ancienneté, les épouses royales forment plusieurs catégories. Les matrones habitent des villages bâtis à leur intention à quelque distance du palais ; elles sont au nombre de plusieurs centaines : car, en outre de celles qu'il a pu se choisir, Mounza est héritier des femmes de son père et même de ses belles-sœurs.

D'après une coutume réellement africaine, à la mort d'un roi, les épouses du défunt deviennent la propriété du remplaçant et vont augmenter son sérail, parfois déjà si nombreux. Au XVIIe siècle, le roi de Loango passait pour avoir sept mille femmes.

Chaque fois que, pendant la nuit, le roi quitte son appartement pour aller rendre visite à ces dames, les courtisans font éclater des cris d'allégresse, et les trompes et les timbales accompagnent l'hymne des Mombouttous : « *Ih! ih! Mounza, tchoupi, tchoupi, ih!* » Des témoins oculaires affirment que le roi passe de la sorte une partie de la nuit à courir de maison en maison, sans jamais rester plus longtemps dans l'une que dans l'autre.

À son entourage appartiennent, en surplus des courtisans, beaucoup d'hommes de sa famille et d'autres serviteurs spécialement attachés à sa personne. Il a sa musique de chambre, composée d'artistes dont l'exécution démontre les patientes études ; puis des eunuques, des bouffons, des ménestrels, des danseurs, qui paraissent les jours de réception et rehaussent l'éclat des fêtes de la cour ; enfin des maîtres de cérémonie, des huissiers, qui veillent au maintien de l'ordre parmi la foule et qui, à l'aide du bâton, écartent la jeunesse importune.

Le domicile privé du roi consiste en un groupe de vastes bâtiments, entourés d'une palissade et ombragés par des arbres fort bien entretenus. Ce sont les épouses royales qui, à tour de rôle, font la cuisine de

Sa Majesté. Mounza prend invariablement ses repas en secret ; personne ne voit ce qui lui est servi, et tous les reliefs de sa table sont jetés dans une fosse creusée uniquement pour les recevoir.

Toute chose sur laquelle il a posé la main est sacrée : nul ne peut y toucher. Un visiteur, quel qu'il soit, ne doit pas même allumer sa pipe au feu qui brûle devant le trône ; ce serait un crime de lèse-majesté que le roi punirait de mort immédiatement.

À ma grande satisfaction, il me fut permis d'examiner l'intérieur du palais, et je peux décrire la manière dont il est aménagé. La garde-robe du roi occupe à elle seule plusieurs bâtiments. Dans l'une des chambres, il ne se trouve que des chapeaux et des panaches de formes diverses, dont les plus estimés sont de grosses boules faites avec les plumes rouges du perroquet dont nous avons parlé plus haut.

Vient ensuite une case entièrement consacrée aux costumes de fantaisie. On y voit, suspendues par énormes touffes, des queues de civette, de genette, de potamochère, de girafe, ainsi que des fourrures de différentes sortes, et des milliers d'ornements étranges, dont Mounza aime à décorer sa personne. Il y avait là de grands colliers composés de dents d'animaux rares ou d'une capture difficile ; l'un, entre autres, – joyau de famille évidemment – était formé de plus de cent canines de lion. Ce fut dans cette case que je vis pour la première fois la dépouille du *Galago Demidofii*, quadrumane qui jusqu'à présent n'avait été rencontré que sur la côte occidentale.

Dans un petit pavillon conique, situé à l'écart, étaient les lieux d'aisance du monarque, installés tout à fait comme dans les maisons turques. C'est l'unique bâtiment de ce genre que j'aie vu dans toute la région. Néanmoins les nègres, ces païens, sont tous beaucoup plus convenables sous ce rapport que les Nubiens musulmans, qui, malgré la pruderie qu'ils affichent, souillent les alentours de leurs demeures.

J'ai déjà parlé de ma visite à l'arsenal. Celui-ci renferme des sabres, des dagues, des couteaux-haches, surtout des lances réunies par faisceaux de deux ou trois cents, et qui, au moment où la guerre éclate, sont distribuées aux troupes. Il contient aussi les armes de luxe qui figurent dans les fêtes royales, entre autres d'énormes lances entièrement en cuivre : lame et hampe, et dont l'éclat est éblouissant.

Les greniers et les magasins ont d'excellentes toitures et sont bien tenus. Mounza y passe une partie de ses journées à surveiller l'arrangement et la distribution des vivres, ainsi que des différentes matières que renferment ces dépôts.

On voit par ces détails que les Mombouttous vivent sous une monarchie comme il y en a peu dans l'Afrique centrale. Ils semblent avoir emprunté leurs institutions à ces royaumes d'autrefois, dont il ne reste plus que le souvenir, et très probablement ils ont subi l'influence du puissant Mouata-Yamvo.

Quoi qu'il en soit, en dehors de tout contact avec les chrétiens et les musulmans, les Mombouttous sont parvenus à un haut degré de civilisation. Par leurs caractères dominants, ils se rattachent à un groupe de peuples qui habitent la partie la plus centrale, le noyau même de l'Afrique, noyau dont la périphérie commence à se dévoiler aux géographes.

Le territoire qui forme la demeure de ces peuples et qui a pour frontières, au sud-est le pays des Manyémas, visité par Livingstone, au sud-ouest les États de Mouata-Yamvo, où pénètrent les commerçants portugais, est plus grand que la moitié de la Russie d'Europe.

Les Mombouttous ont la peau moins foncée que la plupart des nations connues de l'Afrique centrale. Chez eux généralement le fond du teint est de la nuance du café en poudre ; ce qui les distingue des Niams-Niams, dont la couleur est celle du chocolat en tablette, ou d'une olive parvenue à maturité.

Chose remarquable et qui frappe le voyageur : chez tous les peuples d'Afrique on trouve en même temps des individus noirs, jaunes ou rouges, tandis qu'en Amérique les peaux cuivrées, et en Asie les peaux jaunes, sont d'une seule couleur et d'un ton uniforme.

Barth a observé également cette diversité chez les Marghis, où il a vu des noirs, des rougeâtres (du ton de la rhubarbe) et des gens d'une nuance qu'il compare à celle du chocolat au lait. Il attribue cette variété au mélange des races, opinion qui ne me semble pas fondée, car la diversité de couleur paraît être l'un des traits caractéristiques de toutes les peuplades africaines, dont le rouge est le ton fondamental de la peau.

Les Mombouttous diffèrent des Niams-Niams en ce qu'ils ont les membres plus minces, toutefois sans apparence de faiblesse, la barbe plus longue et plus fournie. Leur chevelure est la même que celles de leurs voisins : mais ce que l'on ne rencontre pas chez ces derniers, ce sont les cheveux blonds, qui forment l'un des traits particuliers des Mombouttous. À en juger par les milliers d'individus qui ont frappé mes regards pendant les trois semaines que j'ai passées chez Mounza, un vingtième de la population au moins est d'un blond pâle et cendré qui rappelle le ton de la filasse de chanvre. Ces cheveux, qui d'ailleurs sont crépus et de la même nature que ceux du nègre, accompagnent toujours un teint de la nuance la plus claire que j'aie vue en Afrique, à partir de la basse Égypte.

Tous les individus chez lesquels on remarque cette coloration de la peau et des cheveux ont la vue mauvaise, le regard incertain, presque louche, et offrent des signes marqués d'albinisme. Ces gens-là me rappelaient la description que, dans son livre sur l'*Origine du Nil*[8], Isaac Vossius a faite des hommes blancs

---

8. *Cf. Dissertation touchant l'origine du Nil et autres fleuves...* (Louis Billaire, 1667) par le savant hollandais Isaac Vossius (1618-1689). (N.d.É.)

qu'il a vus à la cour du roi de Loango : « Gens très faibles, au teint pâle, aux yeux de travers comme s'ils louchaient », dit l'ancien voyageur.

Chez aucun peuple du nord de l'Afrique on ne trouve d'individus au teint clair et à la chevelure blonde, excepté toutefois parmi les Berbères du Maroc, chez qui les blonds sembleraient être communs.

J'ai dit précédemment que par la forme du crâne et les traits du visage, surtout par la longueur et par la courbe du nez, les Mombouttous diffèrent des nègres et se rapprochent des races sémitiques. Tous ces caractères paraissent établir un lien de famille entre eux et le groupe des Foulbès ; ce qui nous amène à croire que les Mombouttous pourraient bien n'être pas étrangers aux *Pyrrhi Æthiopes* dont parle Ptolémée.

Ce ne serait là qu'une vague supposition, si elle n'était corroborée par ce fait que les Foulbès sont d'origine orientale, bien que dans ces derniers temps une partie d'entre eux ait opéré un mouvement rétrograde du Sénégal vers l'Est[9].

Barth considère les Foulbès comme le produit d'un double croisement entre les Arabes et les Berbères et entre les Berbères et les nègres. Je crois que

---

9. Par ces observations, je n'entends pas soutenir la théorie d'Eichwald qui apparente les Foulbès aux Malais, ni ajouter aux vues de cet écrivain relativement à l'Ile de Méroé. (N.d.A.)

cette hypothèse pourrait également s'appliquer aux Mombouttous, mais elle repose sur un fond trop peu solide pour être discutée sérieusement ici.

Ayant perdu le vocabulaire que j'étais parvenu à former à l'aide d'une double interprétation, il ne m'est pas possible de parler avec quelque détail de l'idiome des Mombouttous, mais je peux affirmer que c'est une branche de la même souche que tous les dialectes qui se parlent au nord de l'équateur, et qu'un grand nombre des mots qu'il renferme appartiennent au groupe des langues nubio-libyques.

Les Mombouttous se distinguent de leurs voisins bien plus encore par le costume et par les usages que par la couleur de la peau. La mode paraît être, chez eux, aussi invariable qu'elle est changeante en pays civilisé, et semble avoir étendu son niveau sur toutes les classes, car la forme du vêtement est la même pour tous.

Nous l'avons dit, l'art du tissage est inconnue aux Mombouttous, qui prennent l'écorce de l'urostigma kotschyana pour faire leur étoffe. C'est lorsque ce figuier, qu'ils appellent *rokko*, est de la grosseur d'un homme, que le moment est venu de l'écorcer. Pour cela, les Mombouttous pratiquent deux incisions circulaires à quatre ou cinq pieds de distance, les réunissent par une incision verticale et détachent le morceau qu'ils enlèvent d'une seule pièce.

L'arbre n'en meurt pas, ainsi qu'on pourrait le croire. Du bord de la coupe supérieure provient, peu de temps après, une espèce de granulation qui reforme le liber et ne tarde pas à recouvrir l'aubier mis à nu. La seule manière d'expliquer ce phénomène, qui n'existe pas dans la zone que nous habitons, est de supposer que, lorsqu'on dépouille le *rokko*, on laisse intacte une portion du liber, portion qui conserve toute sa vitalité[10].

Au bout de trois ans, l'arbre a recomplété son enveloppe, et cette dernière peut être enlevée de nouveau.

L'urostigma n'est pour les indigènes d'aucun autre produit. Son écorce a une certaine ressemblance avec la tille que fournit le tilleul, et qui forme en Russie l'objet d'un si grand commerce.

Les fibres du *rokko* sont moins fines, moins unies que celles du produit russe, et n'offrent pas dans leur ensemble la texture papyracée de la tille ; elles sont flexueuses et s'entrecroisent comme si on les avait tressées.

Après l'avoir fait rouir partiellement, les Mombouttous soumettent leur écorce à un battage prolongé qui la transforme en une sorte de feutre épais et moelleux. Ce feutre végétal est naturellement gris ; on le rend d'un brun rougeâtre au moyen d'une décoction de bois de teinture : il présente alors l'aspect de nos étoffes de laine de qualité commune.

---

10. Livingstone a vu se former de la même manière une nouvelle écorce sur le tronc du baobab (*Adansonia*). Les Matébélés se servent de l'écorce de celui-ci pour faire des cordes. (N.d.A.)

Guerriers mombouttous

Serré autour de la taille par une cordelière, un de ces morceaux d'écorce suffit à draper un homme depuis la poitrine jusqu'au genou, ainsi qu'on peut le voir dans la gravure de la page 101 [*voir ci-dessus*].

Tandis que les femmes des Dinkas, dont les maris vont entièrement nus, se couvrent de grands lés de peau qui les enveloppent ; tandis que celles des Bongos et des Mittous portent des bouquets de feuillage à leur ceinture, et que les Niames-Niames ont un tablier de cuir ; pendant que les hommes du pays sont vêtus avec plus de soin que tous ceux des peuplades que j'ai rencontrées sur ma route, les femmes des Mombouttous n'ont pour seul vêtement qu'un lambeau de feuille de bananier ou de feutre d'écorce grand comme la main.

Quand elles sortent de chez elles, ces dames, ainsi que nous l'avons vu précédemment, ont sur le bras une bande d'étoffe qu'elles posent sur leur giron dès qu'elles s'asseyent. Cette bande que nous avons comparée à une sangle de cheval, peut avoir un pied de large : habituellement sa largeur est d'une palme. Elle est formée d'un tissu grossier, mais très solide ; premier essai de tissage dû aux femmes, qui se servent de cette écharpe pour soutenir leurs nourrissons qu'elles portent sur le dos.

Si les dames mombouttoues n'ont pas de vêtements, en revanche, elles se peignent le corps de dessins noirs faits avec le suc du fruit d'un gardénia (*randia malléifère*). Ces dessins, d'une grande régularité, semblent pouvoir se varier à l'infini : ce sont des étoiles, des croix de Malte, des abeilles, des fleurs, des lignes, des zigzags, des rubans, des nœuds, etc. L'une est rayée comme un zèbre, l'autre tachetée comme un léopard. J'en ai vu qui, tantôt présentaient les veines du marbre, tantôt les carrés d'un damier. Dans une fête, c'est à qui aura un nouveau dessin ; celui-ci est porté pendant deux jours, puis soigneusement enlevé et remplacé par un autre. À ces dessins éphémères se joignent ceux du tatouage, qui servent de marque distinctive individuelle, et qui sont formés de lignes ou de bandes tracées horizontalement sur la poitrine et sur le dos. La femme de Bongoua nous a fourni un élégant spécimen.

Au lieu de cette peinture, les hommes font usage d'une pommade dont ils se frottent tout le corps, et qui est un mélange de graisse et de bois rouge pulvérisé.

Avec cette même poudre rouge les Niams-Niams se maculent la poitrine et le visage de taches et de lignes irrégulières, afin de rendre leur aspect aussi féroce que possible.

Chez les Mombouttous, l'arrangement de la chevelure est la même pour les deux sexes. Les cheveux du sommet et du derrière de la tête forment un chignon cylindrique qui s'élève obliquement et en arrière, et que soutient une carcasse en roseau. Des nattes, des torsades très minces, composent sur le front un bandeau qui va rejoindre le chignon. Il est rare que sur les tempes la chevelure soit assez longue pour faire ces nattes frontales. On y supplée au moyen de faux cheveux qu'on trouve à acheter dans le pays, et que fournissent les gens tués à la guerre.

Femme mombouttoue

Les hommes couronnent leur chignon d'un bonnet de paille, également cylindrique, mais à fond carré. Ce bonnet est orné d'un panache de plumes d'aigle ou de faucon, ou bien de la touffe de plumes empruntée au perroquet dont nous avons parlé plusieurs fois. Cet ornement d'un rouge feu, et qui a la forme d'une boule, paraît être préféré à tous les autres[11].

Ces bonnets suivent la diagonale du chignon, et l'ensemble de la coiffure rappelle d'une manière frappante celle que les femmes de l'Ichogo portent dans l'ouest de l'Afrique. La toque, chez les Mombouttous, n'est pas à l'usage des femmes : celles-ci décorent simplement leurs chignons d'épingles à cheveux, et aussi d'un peigne qui a pour dents des piquants de porc-épic.

Si j'ajoute à ces détails que la conque de l'oreille est percée de manière à recevoir un bâtonnet de la dimension d'un cigare, j'aurai décrit tout ce que la mode permet aux Mombouttous, mode impérieuse à laquelle nul individu n'est libre d'apporter de modification réelle.

Les Mombouttous ne s'arrachent pas les dents comme les tribus des plaines fluviales du nord ; ils ne se les liment pas en pointe comme les Niams-Niams, et n'imitent pas non plus les femmes des Bongos et des Mittous, qui se font aux lèvres de hideuses perforations. Bref, excepté la circoncision, qui paraît être en usage chez tous les nègres païens de la zone équatoriale africaine, où, d'après ces nègres eux-mêmes, elle se pratiquerait de temps immémorial, les Mom-

---
11. *Cf.* le portrait de Mounza, dont le bonnet est décoré de cet ornement favori. (N.d.A.)

bouttous ne s'infligent pas d'autre mutilation que le percement des oreilles.

Très complet est l'armement des hommes de guerre. À la lance et au bouclier ils joignent l'arc et les flèches, réunion qui se rencontre rarement en Afrique. Ils ont en outre, à la ceinture, des sabres à lame recourbée comme celle d'une faucille, ou des poignards, des couteaux et des hachettes en forme de spatules, ou bien d'autre modèle, et de dimensions très variées.

L'arme de jet des Niams-Niams, le troumbache, n'est pas en usage parmi eux.

Habitants de la formation ferrugineuse que nous avons vue commencer au bord du Diour inférieur, et qui paraît occuper une grande partie de l'Afrique centrale, les Mombouttous se sont naturellement livrés aux travaux de la forge, et surpassent à cet égard tous les peuples dont j'ai traversé le territoire. Il en est ainsi dans toutes les branches de leur industrie, où ils se montrent supérieurs même aux Nubiens et aux musulmans du nord de l'Afrique.

L'opération de la fonte est chez eux tout aussi primitive que chez les autres Africains ; opération que tous les voyageurs ont décrite. Ils ont également pour soufflet les deux vases d'argile, que l'on retrouve ailleurs, et qui, assemblés, forment un corps de pompe au moyen duquel s'établit le courant d'air : mais, tandis que les forgerons des autres peuplades de servent de cuir pour fermer les deux vases, les Mombouttous couvrent les leurs avec des morceaux de feuilles de bananier, qu'ils savent rendre souples comme de la soie, en les trempant dans l'eau chaude et en leur faisant subir une certaine manipulation.

Sans connaître la soupape, ils obtiennent de la sorte un courant d'air continu ; et sans limes, sans pinces, avec un marteau sans manche, ils fabriquent des produits d'une qualité supérieure.

Ce sont les seuls qui, dans cette région, aient une enclume en fer, toute petite, il est vrai, mais substituée à la pierre dont se servent les autres. Sur cette enclume minuscule chacune de leurs armes est taillée au ciseau et battue jusqu'à ce qu'elle ait le tranchant nécessaire ; puis elle est aiguisée et polie avec un morceau de grés ou de neiges très fin.

Généralement le fer qu'ils emploient comme moyen d'échange ne reçoit pas de forme spéciale, ainsi qu'il arrive chez d'autres peuples. C'est tout au plus si l'on peut considérer comme une monnaie ces grands demi-cercles de fer déposés dans le trésor du roi, et qui rappellent les anneaux de cuivre brut que les mines du roi, que les mines du Darfour jettent dans le commerce, où ils remplacent le numéraire[12]. Ni les plaques de fer ni les melottes, ces fers de bêche de forme

---

12. Des anneaux semblables, mais en fer, anneaux d'un très fort calibre, ont également cours dans le commerce du Ouandala, au sud du Bournou. (N.d.A.)

ronde, qu'on trouve ailleurs, et que nous avons vus chez les Bongos, ne sont en usage dans le pays.

Ce n'est pas en barre, mais en lingots de la grosseur du poing, que le fer est livré aux forgerons, et la promptitude avec laquelle ces artisans transforment cette masse brute en fer de bêche ou de lance est réellement merveilleuse. J'ai eu souvent l'occasion de les voir travailler avec nos Bongos, et, bien que ceux-ci fussent déjà fort habiles, les Mombouttous avaient sur eux une supériorité qui les distançait de très loin.

Cependant l'habileté de ces forgerons ne se montre pas tout entière dans les armes qu'ils fabriquent : leurs chefs-d'œuvre sont des colliers qui, pour l'élégance, la délicatesse et le fini, rivalisent avec nos plus belles chaînes d'acier. Ils ne connaissent pas la trempe, mais par un battage prolongé, ils ne rendent pas seulement leur fer très pur et très homogène, ils lui donnent encore toute la dureté voulue.

Le cuivre était déjà connu dans le pays, et le roi en était largement approvisionné, longtemps avant l'arrivée des Nubiens. Or, comme les Mombouttous n'avaient jamais eu de relation avec le monde musulman, si ce n'est en 834, où des gens du Darfour seraient allés chez eux faire une grande razzia dont Barth a entendu parler, il y a tout lieu de supposer que le cuivre de leur trésor venait des mines de l'Angola et du Loango, ou de quelque autre province du nord-ouest de l'Afrique méridionale.

Presque tous les ornements des Mombouttous sont en cuivre ; ce qui explique combien ce métal est recherché. On l'étire en longs fils plats qu'on enroule autour des arcs ou des manches de couteau, des poignées de cimeterre et des tiges de lance. On en fait des crampons qui servent à la fois à orner et à consolider les boucliers. Les grandes chaînes de cuivre, portées en collier, sont d'un usage très répandu. Les extrémités des cordelières et les anneaux de cuir portés aux bras et aux jambes sont agrémentés du même métal, ainsi que les bâtonnets de dix centimètres de longueur, et de la grosseur du doigt, qui traversent l'oreille. Enfin c'est en cuivre pur que sont faites les armes de parade.

Le fer et le cuivre, seuls métaux qu'ils emploient, ont assurément pour les Mombouttous la même valeur que pour nous l'or et l'argent. Ils ne connaissent pas ces derniers, le fait est certain : dans le plat d'argent que je lui apportais, Mounza ne vit que du fer de couleur blanche, et la différence qu'il y avait entre ce plat et mes ustensiles de fer blanc ne fut nullement appréciée.

Les Nubiens, à titre d'objets curieux, ont donné quelques fragments de plomb et d'étain à des gens du pays ; jusque-là les Mombouttous n'avaient jamais vu ni l'un ni l'autre. Mais il paraîtrait que la platine existe dans la contrée. J'ai su par un Niam-Niam qu'on y avait trouvé, « en petits morceaux de la grosseur d'un pois ou d'une fève, un métal blanc aussi dur que le fer et aussi lourd que le plomb dont les Turcs se servent pour fabriquer leurs balles. » D'après mon informateur, on cacherait avec le plus grand soin cette découverte aux étrangers, et cela par l'effet d'une crainte superstitieuse.

Je ne vois aucune raison de mettre en doute la réalité du fait : s'il n'était pas vrai, comment les indigènes, et à son tour mon Niam-Niam, auraient-ils parlé d'un métal qui n'est pas moins inconnu des Nubiens que l'or et l'argent ne le sont des Mombouttous ?

Il faudrait un nombre d'illustrations pour donner une idée de l'incroyable diversité des fers de lances et de flèches que l'on fabrique dans le pays. Je dirai seulement ques les barbillons, les dents, les épines, les oreillettes, qui les accompagnant, sont d'une ordonnance parfaitement symétrique et d'une exécution irréprochable.

Parmi les lances, la forme hastée prédomine, tandis que pour les flèches le fer en spatule est préféré, comme faisant une blessure plus sanglante. De même que celles des Niams-Niams, toutes les lames des Mombouttous, lames de sabres et de couteaux, fers de lances et pointes de flèches, ont, pour l'écoulement du sang, une rainure que ne présentent pas les armes des Mittous et des Bongos. La flèche elle-même, dont la hampe est formée d'un fragment de roseau, diffère de celle des Bongos et des Mittous, en ce qu'elle est empennée ; un morceau de feuille de bananier ou de peau de genette en constitue les ailes ; nous l'avons dit à propos de l'armement des A-Banga.

L'arc est de la même forme que celui des Bongos et des Mittous et a la même dimension : un mètre de longueur, mais la corde en est faite d'une simple lanière de rotang, qui est plus élastique que pas une corde de n'importe quel genre. Une petite garde en bois, de la forme d'une navette de tisserand, est fixée à l'arc pour protéger le pouce contre le choc de la corde ; détail que l'on ne retrouve pas ailleurs. La flèche est décochée par le doigt du milieu.

Non moins soignés que les armes, les outils, par leur bonté, permettent de travailler le bois d'une manière remarquable. De tous les Africains chez lesquels je suis allé, sans même en excepter ceux d'Égypte, les Mombouttous sont les seuls qui emploient pour ce genre de travail des lames n'ayant pas un double tranchant. Il en résulte que, le doigt pouvant s'appuyer sur le fer, l'ouvrier dirige l'outil avec plus de sûreté et obtient à la fois dans la coupe et dans les détails une précision et un fini supérieurs.

C'est un arbre de la famille des rubiacées, l'*uncaria*, dont le bois est tendre et a le liant de celui du peuplier, qui leur fournit la matière de leurs sculptures. L'abattage de ce géant, qui a de six à huit pieds de diamètre, et souvent quarante pieds sans branches, se fait avec de petites haches pareilles à celles que l'on voit dans toute cette région, c'est-à-dire un coin de fer plat, inséré dans le gros bout d'une massue, et qui, à chaque coup, s'enfonce plus solidement dans le bois dur et noueux dont il est emmanché.

Le nombre de coups nécessaires pour abattre un uncaria avec ces petites cognées doit être de plusieurs milliers. Or j'ai souvent trouvé dans les bois d'énormes tiges de cet arbre abattues de la sorte, et dont la section n'était pas moins unie que si on les eût tranchées avec un couteau ; fait qui témoigne chez le bûcheron d'une extrême sûreté de coup d'œil. Cette qualité, d'ailleurs, ainsi que la justesse de l'oreille et le sentiment du rythme, est beaucoup plus développée chez les nègres que parmi les Nubiens et les Arabes.

La pièce de bois s'équarrit et se divise également à la hache ; le bloc est ensuite dégrossi avec un instrument qui tient de notre doloire[13].

De sa nature, le bois de l'uncaria est d'une teinte blanche, mais on le fait noircir en l'exposant au feu, ou plus souvent encore en l'immergeant dans le terreau noir des cours d'eau.

Hache, bêche et doloire des Mombouttous

Les sièges, les plats, les écuelles, les tambours, les pirogues et les boucliers, sont les principaux objets de cette industrie. J'ai vu sur l'Ouellé des canots de trente pieds de long sur cinq de large. Ces monoxyles,

---

13. On voit un de ces instruments dans la gravure ci-jointe. (N.d.A.)

creusés avec beaucoup d'art, auraient porté des chevaux et des bœufs et répondaient parfaitement au but qu'on s'était proposé[14].

Les grands tambours dont les Niams-Niams se servent pour transmettre des ordres d'un endroit à un autre se retrouvent dans toutes les bourgades des Mombouttous ; on les rencontre également sur la côte occidentale. Il y a encore dans le pays un instrument du même genre, mais de petite dimension, dont la caisse, très comprimée, surmontée d'une anse et ouverte à la partie inférieure, peut être comparée à une clochette aplatie.

Les tabourets, exclusivement à l'usage des femmes, présentent dans les détails une extrême diversité. De même que tous ceux des peuplades voisines, ils sont faits d'un seul morceau. L'art d'assembler différentes pièces au moyen de mortaises est inconnu au centre de l'Afrique, et ces petits meubles sont des objets de sculpture plutôt que de menuiserie. Le siège en est rond, un peu concave, porté par un seul pied d'un joli travail, et qui a pour base un plateau circulaire ou polygone. Près du bord supérieur, une ouverture en forme de triangle fait l'office de poignée.

Ces tabourets ont généralement de trente à quarante centimètres de haut. Ils diffèrent très peu des

---

14. Il y a un bateau de ce genre dans la vue des rapides du Kîbali. (N.d.A.)

petits guéridons qui, dans le pays, servent à la fois de table et d'écuelle ; non pas que les sébiles et les plats soient rares : il y en a de toutes les formes et de toutes les dimensions. J'en ai vu qui étaient posés sur quatre pieds, d'autres qui avaient à chaque bout une anse en forme d'anneau ; et ces deux genres m'ont rappelé ce que notre vaisselle a de plus d'élégant et de plus moderne.

On fait également pour les femmes des tabourets en forme de petits bancs et à quatre pieds. Ainsi que chez les Niams-Niams, l'usage de mettre des supports à tous les meubles, à tous les ustensiles, est universel chez les Mombouttous. Leurs boîtes elles-mêmes – de petits cylindres en bois recouverts d'écorce, qui leur servent de nécessaires, et où ils mettent leurs menus objets, ont leur monture.

Quant aux sièges des hommes, ce sont des bancs d'un mètre cinquante de longueur, solidement faits avec le pétiole du raphia, et d'une si grande légèreté que j'ai vu des Bongos en porter six à la fois sans aucun effort. Ils ont tous la même forme, et sont composés de différentes pièces agencées de la façon la plus ingénieuse. Jamais les Mombouttous n'emploient ni clous, ni chevilles d'aucun genre, pas même dans leurs édifices ; les maisons, comme les bancs sont cousues, pour ainsi dire, avec de fines lanières de rotin dont nos chaises de canne nous montrent la résistance.

Nous avons vu que, ces bancs n'ayant pas de dossiers, on y suppléait au moyen d'un accessoire des plus primitifs. C'est généralement un jeune ériodendron qui en fait tous les frais. L'arbre est coupé à l'endroit où ses rameaux forment ce qu'en botanique on appelle un verticille ; la tige et deux branches constituent le support ; deux autres brins servent d'accotoirs, et la prolongation de la tige fait le dossier.

Le bouclier des Mombouttous n'est qu'une planche rectangulaire, d'un demi pouce d'épaisseur, taillée à coup de hache dans un gros arbre, et parfaitement unie. La longueur est suffisante pour couvrir les deux tiers de la personne, mais inélégant et peu solide, il n'a d'autre mérite que sa légèreté. Pour l'empêcher de se fendre, on y pratique avec du rotin des coutures parallèles et transversales ; on y ajoute une côte longitudinale assez épaisse, et on le borde en haut et en bas d'une tresse, également faite avec du rotin ; dès qu'il se fêle, on arrête la fente par des crampons de fer ou de cuivre, que l'on dispose de manière à les rendre décoratifs.

Ces boucliers sont invariablement peints en noir, et presque toujours ornés de queues de potamochère[15].

Nous avons dit l'habileté comparative des Bongos en fait de poterie ; celle des Mombouttous à cet égard est bien plus grande. Leurs produits, fabriqués simplement à la main, comme dans toute cette région, sont à la fois plus réguliers et d'une meilleure pâte que ceux des peuplades voisines.

---

15. Mammifère ongulé, voisin du sanglier, qui vit dans les marécages. (N.d.É.)

Sortes d'aiguières

Tous les vases des Africains rentrent dans la catégorie des urnes : ils sont de forme ronde, et n'ont pas d'anses. Ceux des Mombouttous présentent, sous ce dernier rapport, un avantage réel : des ornements en relief – dessins géométriques ou figures décoratives – les rendent plus faciles à manier et les empêchent de glisser dans la main. Les cruchons surtout destinés à contenir l'eau sont faits avec beaucoup d'art, et pourraient être comparés aux vases les plus estimés de l'ancienne Égypte[16].

Quant aux fourneaux de pipe, d'un travail si soigné chez les autres peuplades, les Mombouttous n'en font aucun usage.

Leur pipe, nous l'avons dit, se compose tout simplement d'un tuyau – nervure médiane d'une feuille

---

16. Les deux cruchons ci-joints ont été dessinés d'après les originaux qui sont au musée ethnologique de Berlin. Celui qui a des anses est le seul de ce genre que j'aie vu. (N.d.A.)

de bananier perforée dans toute sa longueur – ou d'un tube de fer. Elle est décrite, ainsi que la manière de fumer des indigènes p. 495 du premier volume[17].

Les Mombouttous ne savent pas préparer le cuir, et ne connaissent pas plus l'usage du tan[18] que les peuplades des provinces du Ghazal.

C'est le rotin qui fournit la matière des nattes et de tous les objets de vannerie.

Les paniers sont nombreux; le genre de coiffure usité empêchant de rien porter sur la tête, le transport des fardeaux se fait au moyen de hottes, qui ressemblent beaucoup à celles des Thuringiens.

De menus ouvrages sont faits avec des tiges d'herbe et de roseau, tels que des bracelets et des anneaux de jambe, qui pendant la marche produisent un léger bruissement.

Le plus grand soin est apporté à la confection des nattes qui forment la carcasse des chignons. L'espèce de hochet, grelot rempli de petits cailloux et de coquillages, dont se sert le chef d'orchestre pour battre la mesure, et qui diffère peu de celui qu'on trouve sur la côte occidentale, est également fait en vannerie.

---

17. Dans ce passage, Schweinfurth précise que cette pipe « rend la fumée aussi douce qu'elle pourrait l'être en passant dans un narguilé » et s'étonne que ses cigares « n'attiraient nullement l'attention des indigènes ». (N.d.É.)

18. Écorce de chêne pulvérisée utilisée pour la préparation des cuirs. (N.d.É.)

Les instruments de musique n'offrent rien de particulier ; ce sont des trompes, des cornets, des tambours, des cloches de grandeurs diverses dont l'usage est répandu dans presque toute l'Afrique. On ne voit pas chez les Mombouttous la jolie petite mandoline des Niams-Niams, ni le *marimba,* tympanon de bois qui se rencontre dans l'Afrique méridionale.

Mais c'est dans l'art de bâtir que se révèlent tout entières la science et l'habileté des Mombouttous. On ne s'attendrait jamais à trouver au cœur de l'Afrique ces grandes halles du palais de Mounza, qui, à leurs dimensions imposantes – jusqu'à cent cinquante pieds de longs, soixante de large, cinquante de haut – joignent de la manière la plus complète la légèreté et la force. Nous avons dit que les matériaux employés dans ces constructions à la fois légères et solides sont les pétioles du raphia, dont le poli naturel, le brillant et la jolie teinte brune, donnent à l'édifice un fini et une élégance dont on est frappé.

Tandis que les toits coniques se voient exclusivement dans toutes les provinces de l'est et du nord de l'Afrique centrale, les toitures à pignon, du genre des nôtres, dominent au couchant de la zone équatoriale africaine. Les Mombouttous ont également des maisons carrées, à toiture en selle ; fait qui témoigne de leur parenté avec les peuples de l'ouest : Ichogos, Bakalais, Mponoués, Achivas, Cammas, Achangos, Fans ou Pahouins.

À ce rapprochement viennent s'ajouter les traits physiques du pays, dont les rivières, au lieu de couler vers le nord, se dirigent au couchant. On voit néanmoins chez les Mombouttous de petites huttes et parfois de grandes cases de forme ronde, et à toit pyramidal ; ce sont les cuisines et les greniers auxquels on donne ce genre de couverture parce qu'il rend plus facile la sortie de la fumée et l'écoulement des eaux pluviales.

Il est rare que les maisons particulières aient plus de trente pieds de long sur une vingtaine de large. Le toit dépasse de beaucoup la muraille ; il s'arrondit légèrement en raison de la courbure des palmes dont il est revêtu et des pétioles qui composent la charpente. Une doublure de feuilles de bananier, souvent recouvertes d'herbe, de paille ou d'écorce, le rend complètement imperméable. Les murailles, qui ont de cinq à six pieds de hauteur, reçoivent la même garniture et sont reliées dans toutes leurs parties avec des lanières de rotin.

Ce genre de bâtisse, également en usage dans l'ouest de la partie équatoriale, offre une résistance extraordinaire à la furie des éléments. Déchaînés à travers les salles ouvertes, l'orage et la tempête sembleraient devoir tout détruire et ne causent pas même une avarie. Telle est la solidité des constructions, qu'à l'intérieur des cases un léger frémissement de la muraille montre seul que la maison est exposée à la violence d'un ouragan.

C'est par la porte, dont l'ouverture est grande, que l'air et la lumière pénètrent dans la demeure ; celle-ci se compose de deux pièces : la chambre où l'on habite et une décharge où l'on serre les provisions.

Ainsi que les Niams-Niams, les Mombouttous n'ont pas de véritables villages ; la résidence de Mounza est le seul endroit qui chez eux, mérite le nom de bourg. Réunies par petits agroupements, les habitations forment de grandes lignes interrompues qui suivent les courbes des ruisseaux et des vallées ; chapelets qui s'égrènent à mi-côte, séparés du fond par des bosquets de bananiers, et dominés par des champs de patates et de colocase. Chaque famille occupe une section de la grande ligne, et l'intervalle d'une section à l'autre est rempli d'éléis.

De nombreuses plantations ont été faites autour de ces demeures rustiques ; plus nombreux encore sont les massifs que les habitants ont conservé lors du défrichement de la forêt. On trouve dans ces plantations et dans ces réserves non seulement les arbres qui donnent une ombre épaisse ou des produits utiles, comme le téphrosie de Vogel, dont on se sert pour tuer le poisson qu'on veut avoir, et le gardénia, qui fournit la peinture des femmes, mais des plantes purement décoratives, choisies et plantées pour servir d'ornement : ainsi le merveilleux *mussœnda* aux bractées couleur de feu, et des orchidées splendides.

J'ai vu là – ce qui doit être mentionné – le chlorophyton, liliacée gazonnante aux feuilles panachées de blanc, et qui, pour les Niams-Niams, possède la vertu de faire découvrir les voleurs comme le *canavalia ensiformis* que les nègres de la Jamaïque et de Haïti, d'après une coutume largement répandue en Afrique, sèment dans leurs plantations pour les protéger.

Ce sont principalement les champs de maïs que le chlorophyton est chargé de défendre. Cultivé par les gens laborieux qui le font à grande peine, le maïs a besoin d'être protégé d'une façon particulière contre les maraudeurs qu'il attire spécialement. C'est pour cela qu'on ne le voit jamais qu'auprès des cases. À la magie d'un chlorophyton les voleurs opposent la ruse : afin que l'empreinte de leurs pas, qui les ferait reconnaître, si légère qu'elle fût, ne puisse les trahir, ils se servent d'échasses pour pénétrer dans le champ. Les Niams-Niams appellent ces échasses *ballaroû*.

Attendre d'un voyageur qu'il se prononce sur les idées religieuses d'un peuple qu'il n'a vu que pendant cinq semaines ne pourrait être sérieux. Ici la spéculation trouve un champ sans limite, et il ne convient pas à l'étranger de porter à cet égard un jugement qui n'aurait d'autre base que des aperçus pris au vol, ou des impressions personnelles. Je dirai donc seulement – sans rien en conclure – que la circoncision est d'une pratique générale chez les Mombouttous, et n'a lieu qu'à l'âge de puberté, ce qui n'est en rapport ni avec le précepte de la loi de Mahomet, ni avec la coutume primitive des premiers émigrants qui la répandirent.

Chez toutes les peuplades, que je visite je cherche à découvrir ce qu'elles peuvent concevoir de la divinité, et par les mots qu'elles emploient je tâche de saisir l'idée qu'elles se font d'un pouvoir invisible, ainsi que de l'influence exercée par ce pouvoir sur la destinée humaine.

Les Mombouttous se rendent parfaitement compte de l'intention qui anime les Nubiens quand ces derniers s'agenouillent et se prosternent en s'écriant : Allah! Le mot qu'ils emploient eux-mêmes pour désigner le Tout-Puissant jette un nouveau jour sur le lien de parenté qui unit les peuplades africaines. Encore aujourd'hui le Dieu des Nubiens s'appelle *Nor* dans le dialecte mahâs; et pour les Mombouttous, l'équivalent d'Allah est *Nôro*. Quand je demandai où était Nôro, un Mombouttou qui comprenait le niam-niam leva la main vers le ciel, et à cette question : l'avez-vous jamais vu? il ne répondit que par un sourire[19].

---

19. Si l'on considère qu'en Phénicie le feu s'appelait *nur,* en syriaque *nuroh,* en chaldéen *nurah;* qu'en arabe il se dit *nar;* que d'après Barth les peuplades du Soudan restées païennes emploient le même mot pour désigner le feu et le soleil, et que les tribus convetis au mahométisme se servent maintenant de l'ancien nom du soleil et du feu pour désigner la divinité, on sera frappé de l'emploi du mot *nôro* que font les Mombouttous, comme équivalent d'Allah, et on rapprochera ce fait de ces lignes de Schweinfurth : « J'ajouterai qu'à mes yeux les Mombouttous portent l'empreinte marquée d'une origine sémitique. » (Note de la traductrice, Mme H. Loreau.)

Si les Mombouttous consultent des oracles ; s'ils croient aux augures tirés du supplice d'un coq, ou si, de même que les Niams-Niams, ils ont un appareil qui leur dévoile l'avenir, c'est ce que j'ignore : le peu de temps que j'ai passé chez eux ne m'a pas permis de l'apprendre.

## Chapitre XIV.

Arrivée chez Mounza. – Amitié d'Abd-es-Sâmate pour Mounza. – Une audience. – Du camp au palais. – Salle de réception. – Le roi se fait attendre. – Trophée d'armes de luxe. – Costume royal. – Mounza. – Nil admirari. – Présents. – Toilette des femmes de Mounza. – Manière de fumer du ri. – Noix de cola. – Solo de cornet d'ivoire. – Chanteurs. – Fou du roi. – Eunuque. – Discours de Mounza. – Envoi d'une maison. – Rapports avec les naturels. – Importunités. – Marché aux crânes. – Envoyés niams-niams. – Teint clair des indigènes. – Visite des femmes de Mounza. – Procession triomphale. – Découverte de l'Entada scandens. – Palais et appartements privés de Mounza. – Questions géographiques. – Le lac de Piaggia. – Un chien pour un Akka. – Chèvres mômvoues. – Extrait de viande. – Stations des Khartoumiens dans le pays des Mombouttous. – Projets de voyage dans le sud. – Faute d'argent. – Arrivée de Moûmméri. – Grande fête. – Danse du roi. – Visites de Mounza. – Le potamochère. Un plat royal.

Mounza, chez qui nous arrivions, nous attendait avec impatience ; ses magasins regorgeaient d'ivoire et il désirait vivement échanger ce produit de la chasse de toute l'année contre des objets du nord, ou contre le rouge métal dont nous allions l'enrichir.

C'était la troisième fois qu'Abd-es-Sâmate venait dans la contrée ; et aux motifs d'intérêts qui poussaient le roi à lui faire un chaleureux accueil, se joignait la sincère affection que Mounza éprouvait pour lui ; car ils étaient unis par le pacte fraternel, scellé par l'échange du sang. L'année précédente Sâmate, resté à Khartoum, avait confié le commandement de l'expédition à son frère Abd-el-Fétah, musulman de la plus belle eau, un fanatique dont l'arrogance avait profondément blessé le roi. Ce dévot, regardant comme une souillure le contact d'un infidèle, ne permettait à aucun nègre d'approcher de lui à une distance de moins de dix pas ; il ne reconnaissait dans le pays ni roi, ni dignitaires, et qualifiait invariablement d'esclaves toutes les dames de la cour. Mais Abd-es-Sâmate, que chacun appelait Mbali, c'est-à-dire l'Enfant, était l'urbanité même. Il avait gagné tous les cœurs en portant le costume mombouttou ; on l'avait vu souvent, coiffé de plumes et revêtu de l'habit national, passer des heures entières assis près de Mounza, buvant avec lui, et lui racontant les merveilles de la civilisation, ou lui reprochant son cannibalisme.

Il n'y avait donc pas à s'étonner si le roi avait chaque jour demandé quand viendrait Mbali, et si, au bord de la rivière que nous nous apprêtions à franchir, ses messagers nous attendaient pour nous souhaiter la bienvenue. Du reste, cette affection était partagée. À peine arrivé, Sâmate, laissant à ses lieutenants le soin de nous établir, s'était hâté d'aller voir

Mounza et lui avait offert ses présents : c'étaient, pour la plupart, de grands plats de cuivre, destinés, dans ce coin du globe, non pas à orner la table, mais à servir d'instruments dans l'orchestre du roi.

L'entrevue fut longue. Nous étions déjà installés et la nuit approchait, lorsque revint Sâmate précédé triomphalement de cors et de timbales, et suivi de plusieurs milliers d'indigènes portant les provisions que le roi avait immédiatement fait réunir. Il m'annonça que j'étais invité à une audience royale pour le lendemain matin et qu'il y aurait, en mon honneur, grande réception à la cour. Je n'ai pas besoin de dire avec quels sentiments de curiosité je m'endormis ce soir-là.

Le 22 mars 1870 fut le jour de ma présentation. Longtemps avant mon réveil le Kénousien était allé trouver Mounza. Soulevant la portière de ma tente, je vis qu'une activité insolite régnait sur la grande place qui séparait les halles du roi des maisons de ses gardes. De véritables foules débouchaient par toutes les issues ; des groupes nombreux couraient çà et là ; et, de temps à autre, le son bruyant des timbales parvenait jusqu'à nous. Mounza, à la tête de ses dignitaires, passait en revue ses chasseurs d'éléphants, tandis que les chefs de famille arrivaient de toutes parts pour offrir de l'ivoire à Sâmate et pour s'entendre avec lui au sujet des vivres dont il avait besoin.

J'attendais avec impatience le moment où je serais appelé devant le roi. Il était plus de midi lorsqu'on vint me dire que tous les préparatifs étaient achevés et que je pouvais me mettre en marche. Sâmate avait renvoyé sa garde nègre pour me servir d'escorte, et il avait ordonné à sa fanfare de m'introduire à la cour en sonnant la diane turque. Je m'étais revêtu pour la circonstance du solennel habit noir, et j'avais pris mes chaussures de montagne, lourdes bottines lacées qui donnaient quelque poids à mon léger personnage. Chaîne et montre avaient été mises de côté, car je ne voulais avoir sur moi aucun ornement de métal.

Je partis et cheminai le plus gravement possible, accompagné de trois officiers noirs qui portaient mes armes : carabines et revolver, et suivi d'un quatrième qui était chargé de ma chaise de canne. Venaient ensuite mes Nubiens, vêtus de leurs habits de fête d'une blancheur immaculée, saisis d'une crainte respectueuse qui les frappait de mutisme, et tenant à la main les présents que j'apportais de si loin au roi des Mombouttous.

Il nous fallut une demi-heure pour nous rendre au palais. Le chemin nous conduisit d'abord dans un fond boisé où coulait un ruisseau ; puis il serpenta au milieu des fourrés dont la vallée était pleine ; et, gravissant une pente couverte de bananiers, il déboucha dans une vaste cour, fermée par un large demi-cercle d'habitations de formes diverses.

Nous avions trouvé dans la partie basse du vallon des troncs d'arbres nouvellement abattus, et composant, sur ce terrain marécageux, une sorte de chaussée qui enjambait le ruisseau, de manière que le passage s'était fait à pied sec. Il ne serait jamais venu à l'esprit du roi d'avoir pour nous cette attention ; elle lui avait été suggérée par Sâmate, qui, sachant combien il me fallait de temps pour ôter et pour remettre mes bottines, avait voulu m'en éviter la peine ; car ces chaussures, d'un prix inestimable dans ce coin du monde, ne devaient être ni crottées ni mouillées. Tous ces ménagements confirmèrent les indigènes dans l'étrange opinion qu'ils avaient de moi : les uns croyaient que j'avais des pieds de chèvre ; d'autres se figuraient que le cuir épais de mes bottines faisait partie intégrante de mon corps. La première idée leur venait sans doute de la comparaison qu'ils avaient établie entre mes cheveux et le poil de la chèvre ; et l'obstination avec laquelle je refusai toujours de me déchausser pour leur montrer mes pieds nus, fortifia leur croyance.

À notre approche, les tambours et les trompes firent vacarme ; et la foule, se pressant pour nous voir, ne nous laissa qu'un étroit passage. Nous nous dirigeâmes vers un immense édifice ouvert aux deux extrémités. Sur le seuil m'attendait l'un des dignitaires de la cour, qui devait remplir les fonctions de maître des cérémonies, car je le vis plus tard présider aux divertissements. Cet officier me prit par la main et me conduisit dans l'intérieur de la salle. Je trouvai là des centaines de hauts personnages placés comme pour un concert et d'après le rang qu'ils avaient dans l'État ; chacun d'eux, en grande tenue, c'est-à-dire en armes, occupait un siège à lui qu'il avait fait apporter. À l'autre bout de l'édifice se voyait le banc du roi, qui ne différait en rien des autres, mais qui était posé sur une natte ; une pièce de bois s'élevant d'un trépied, et munie de deux projections parallèles, formait le dossier et les bras du fauteuil ; ce complément du siège royal était constellé de clous et d'anneaux de cuivre. Je demandai qu'on mît ma chaise à quelques pas du trône ; et j'allai y prendre place, tandis que mes serviteurs et mon escorte se rangeaient derrière moi.

La plupart de mes gens avaient des fusils ; toutefois, ne s'étant jamais vus face à face avec un pareil potentat, ils semblaient fort peu à l'aise et avouèrent plus tard qu'ils n'avaient pu s'empêcher de trembler en pensant que Mounza n'aurait eu qu'un signe à faire pour qu'on nous mît tous à la broche.

J'attendis ainsi pendant longtemps. Le roi, qui avait assisté au marché en petite tenue, était rentré chez lui ; et, voulant paraître à mes yeux dans toute sa splendeur, il était en train de se faire pommader, coiffer et décorer par ses femmes. Un bruit assourdissant et continuel se faisait autour de moi ; tantôt les timbales, tantôt les trompes ébranlaient de leurs sons éclatants la voûte de l'édifice ; et à cette musique infernale se mêlait le bruit de conversations animées, dont j'étais certainement le principal objet. Bien que je tournasse le dos à l'assemblée, je sentais que tous les yeux étaient braqués sur ma personne ; chacun toutefois resta à sa place, et j'eus toute liberté d'écrire mes observations.

La salle en elle-même était digne de remarque : au moins cent pieds d'un bout à l'autre, sur cinquante de large et quarante de haut. Achevée tout récemment, elle devait à la fraîcheur de ses matériaux, naturellement bruns et lustrés, le brillant que lui aurait donné une couche de vernis. Il y avait à côté une autre salle encore plus vaste, dont la hauteur égalait celle des éléis les plus élevés du voisinage ; mais bien qu'elle n'eût été construite que cinq ans auparavant, elle commençait déjà à menacer ruine ; d'ailleurs, fermée de toute part et ne recevant la lumière que par d'étroites ouvertures, elle convenait moins pour une fête.

Eu égard au pays où elles se trouvent, ces constructions peuvent être classées, à juste titre, parmi les merveilles du monde. Sauf la baleine, je ne sais pas quels matériaux, ayant à la fois assez de légèreté et de force, nous pourrions employer pour élever des édifices de cette dimension, capables de soutenir le choc d'ouragans tels que ceux des tropiques. Trois longues rangées de piliers faits de troncs d'arbres, parfaitement droits, soutenaient la voûte qui nous abritait et dont la charpente, composée d'une infinité de pièces, était fabriquée avec les pétioles du raphia vinifère[20].

---

20. Ce palmier croît au bord de tous les cours d'eau du pays des Mombouttous. Ses frondes ont une longueur qui varie de vingt-cinq

Une couche d'argile rouge, aussi dure et aussi unie que l'asphalte, constituait le parquet. De chaque côté s'élevait une muraille à hauteur d'appui, laissant entre elle et la toiture, qui descendait fort bas, un espace assez large pour permettre à l'air et à la lumière de pénétrer librement. Au dehors, une foule énorme, la vile multitude, qui n'avait pu trouver place à l'intérieur, se pressait contre le petit mur et jetait dans la salle des regards avides. Un certain nombre d'agents, armés de gaules, circulaient autour de l'édifice et maintenaient l'ordre au milieu de cette canaille, usant largement de leurs bâtons chaque fois qu'ils le jugeaient nécessaire. Tout gamin qui, sans y être invité, se hasardait à mettre le pied dans la salle, recevait un châtiment rigoureux.

J'étais plongé depuis une heure dans ma contemplation lorsque le bruit, qui jusque-là n'avait pas cessé, redoubla tout à coup et me fit présumer que c'était le cortège royal. Profonde erreur : le roi était encore aux mains de ses femmes, qui achevaient de le peindre et de le décorer. Une foule compacte s'agitait à l'entrée de la salle où l'on enfonçait, dans la terre, des pieux qui furent ensuite reliés par de longues perches placées horizontalement. Cet échafaudage servit de carcasse à une panoplie de lances et de javelines en cuivre pur, de toutes les formes et de

---

à trente-cinq pieds ; le pétiole de ces énormes feuilles est d'une belle couleur brune et sert communément de bois de charpente dans toute l'Afrique centrale. (N.d.A.)

toutes les grandeurs. L'éclat du rouge métal, qui reflétait les rayons d'un soleil ardent, donnait à ces rangées de lances étincelantes l'aspect de torches enflammées, et formait un fond splendide sur lequel se détachait le trône. Ce déploiement de richesses, d'une valeur incalculable, eu égard au pays, était vraiment royal et dépassait toutes mes prévisions.

Le trophée est complet ; le roi a quitté sa demeure. Agents de police, hérauts d'armes, maréchaux du palais vont et viennent en courant. Les masses du dehors se précipitent vers la porte ; le silence est réclamé. Des trompettes font vibrer leurs cornets d'ivoire ; des sonneurs agitent leurs énormes cloches ; le cortège s'avance ; et, d'un pas ferme et allongé, ne regardant ni à droite ni à gauche, l'air sauvage, mais pittoresque dans son attitude et dans sa mise, arrive le brun César, suivi d'une file d'épouses favorites. Sans m'accorder même un regard, il se jette sur son banc et reste immobile, les yeux fixés à terre. Abd-es-Sâmate, qui s'est joint au cortège, s'assied en face de moi, de l'autre côté du trône. Il s'est également paré pour la circonstance et porte l'imposant uniforme d'un chef de corps d'Arnautes.

Ma curiosité peut enfin se satisfaire ; je regarde avidement le fantastique attirail de ce souverain, qui, dit-on, fait sa nourriture de chair humaine. Avec tout le cuivre dont ses bras, ses jambes, sa poitrine et sa tête sont décorés, il brille d'un éclat qui, pour nous, rappelle trop la batterie d'une cuisine opulente ; du reste son accoutrement a, au plus haut degré, le cachet national. Tout ce qu'il porte est de fabrique indigène : aucun objet de provenance étrangère n'est jugé digne de parer le roi des Mombouttous.

Suivant la mode du pays, le chignon royal est surmonté d'un bonnet empanaché, qui s'élève à un pied et demi au-dessus de la tête. Ce bonnet est cylindrique, fait d'un tissu de roseaux très serré, orné de trois rangs de plumes de perroquet, d'un rouge vif, et couronné d'une touffe du même plumage. Une plaque de cuivre, en forme de croissant, est attachée sur le front, d'où elle se projette comme la visière d'un casque. Tout le personnage est enduit d'une pommade qui donne à la peau, naturellement brune et luisante, la couleur du rouge antique des salles de Pompéi. Le vêtement ne se distingue de celui des autres hommes que par une finesse exceptionnelle ; il se compose d'un grand morceau d'écorce de figuier, teinte en rouge, et entoure le corps de plis gracieux, formant à la fois culotte et gilet. Des cordelières rondes en cuir de bœuf, fixées à la taille par un nœud colossal, et terminées par de grosses boules de cuivre, retiennent cette draperie qu'elles attachent solidement. La matière de cet habit est préparée avec tant de soin, qu'elle a tout à fait l'aspect de la moire antique. Autour du cou, le roi porte une rivière de lamelles de cuivre, taillées en pointe, qui s'irradient sur la poitrine. À ses bras nus se voient de singuliers ornements ayant un faux air d'étuis de baguettes de tambour, et terminés par un anneau. Des spirales de cuivre enserrent les poignets et les chevilles du monarque. Trois cercles brillants, ressemblant à de la corne, mais taillés dans une peau d'hippopotame et historiés de cuivre, lui entourent l'avant-bras et les jarrets. Enfin, en guise de sceptre, Mounza tient de la main droite le cimeterre national, qui a la forme d'une faucille, et qui, dans cette occasion n'étant qu'une arme de luxe, est en cuivre pur.

Tel m'apparut, pour la première fois, l'autocrate des Mombouttous, m'offrant le type de ces potentats à demi fabuleux dont le nom seul est connu des géographes ; espèce de Mouata-Yanvo ou de Grand-Mokoko, n'ayant sur sa personne, non plus qu'autour de lui, rien d'emprunté aux autres peuples, rien qui rappelât l'industrie européenne ou orientale.

C'était un homme d'environ quarante ans, d'une belle taille, à la fois mince et vigoureux, se tenant droit jusqu'à la raideur, comme le font, du reste, tous ses compatriotes. Bien qu'il eût de beaux traits, sa figure était loin d'être engageante, figure de Néron où se lisaient la satiété et l'ennui. Le profil était presque droit, la barbe assez épaisse ; le nez, parfaitement caucasien, formait avec la bouche lippue et saillante du nègre un contraste frappant. Dans les yeux brûlait le feu sauvage d'une sensualité animale ; et, autour des lèvres, couvait une expression que je n'ai vue chez aucun autre Mombouttou, un mélange de cupidité, de violence, de raffinement cruel, qui ne devait pouvoir se fondre en un sourire qu'avec une extrême difficulté : rien du cœur évidemment ne pouvait luire sur ce visage.

Mounza fut longtemps sans regarder l'homme pâle, aux cheveux longs, au vêtement noir et serré, qui paraissait devant lui pour la première fois. Je tenais mon chapeau à la main et n'avais pas encore adressé la parole au monarque. Lors de l'entrée de Mounza, voyant que chacun restait assis j'avais fait de même, et j'attendais que le roi me parlât. Le vacarme n'avait pas cessé. Près du trône avait été placés deux petits guéridons chargés de noix de cola, de bananes sèches, de bouteilles, de cassave et de farine de banane, soigneusement couvertes de serviettes en écorce de figuier. Mounza goûtait souvent à ces friandises ; de temps à autre il levait les yeux comme pour examiner l'assistance et en profitait pour jeter sur moi des regards furtifs qui, peu à eu, satisfirent ma curiosité. J'étais émerveillé du calme dont il faisait preuve, et je me demandais où cet Africain sauvage avait pu acquérir cette tenue et cet empire sur lui-même.

À la fin il m'adressa des questions que le drogman de la cour transmit couramment en niam-niam à mon interprète, et que celui-ci me traduisit en arabe. Ces questions étaient d'ailleurs des plus insignifiantes ; pas un mot touchant le but de mon voyage ou relatif à mon pays natal. Rien ne semblait émouvoir le monarque ; même dans les visites que je lui fis plus tard sans aucune étiquette, il se montra toujours aussi réservé. *Nil admirari*[21] semblait être chez lui une règle de conduite invariable.

Mes serviteurs déposèrent à ses pieds les présents que je lui apportais : d'abord une pièce de drap noir, un télescope, un plat d'argent et un vase en porcelaine ; le métal du plat fut pris pour du fer-blanc et la porcelaine pour de l'ivoire. Il reçut ensuite un objet d'ivoire sculpté, comme échantillon de l'emploi qu'on fait en Europe de cette matière ; puis un livre doré sur tranche, un double miroir grossissant d'un côté, rapetissant de l'autre ; enfin trente colliers de perles de Venise, c'est-à-dire plus de mille grains de verre de premier ordre[22].

Je n'y avais pas ajouté d'armes à feu, car les Nubiens ont pour règle invariable de n'en jamais donner aux chefs indigènes.

Le roi examina tous ces cadeaux avec une extrême attention, mais sans témoigner ni joie ni surprise. Il n'en fut pas de même de ses cinquante épouses, qui étaient assises sur des tabourets, derrière le trône, et dont les exclamations à demi étouffées exprimaient

---

21. Du latin, littéralement : « Ne rien admirer, n'être impressionné par rien. »
22. Ces petits objets d'art me venaient de mon ami Miani, le Vénitien, qui les avait reçus lui-même de ses concitoyens quelques années avant, alors qu'il se préparait à une nouvelle expédition, que la jalousie du gouvernement égyptien avait empêché de réussir. (N.d.A.)

l'étonnement ; le double miroir, surtout, qu'elles se passèrent de main en main, finit par leur arracher des cris d'enthousiasme.

Après avoir regardé ce qui lui était offert, Mounza revint à ses friandises, prenant quelques tranches de noix de cola et les mâchant après avoir fumé, ce qu'il faisait d'une façon remarquable : il se rejetait en arrière, s'accoudait sur le bras droit, croisait les jambes et recevait de la main gauche le tuyau de fer, long de deux mètres, qui lui servait de pipe et que lui présentait un serviteur *ad hoc*. Puis il faisait gravement une longue aspiration, rendait par un geste plein de hauteur le tube de fer à celui qui en avait la charge, et laissait la fumée s'échapper lentement de ses lèvres. En Turquie, les hommes d'un rang élevé fument ainsi : ils aspirent deux ou trois bouffées et remettent leur pipe au porteur de chibouque ; mais, je le répète, où Mounza avait-il appris cet usage ?

Je demandai si je pouvais avoir une noix de cola ; le roi répondit à mon désir en me passant lui-même un de ces fruits à la coquille rosée. Me tournant alors vers Abd-es-Sâmate, je lui exprimai l'étonnement que j'éprouvais en voyant ce fruit de l'ouest dans le pays des Mombouttous, et lui dis qu'il était extrêmement apprécié dans le Bornou, où comme épice il valait son pesant d'argent[23]. « Je sais maintenant, ajoutai-je, que

---

23. D'après Liebig, la noix de cola contient plus de caféine que le meilleur café. (N.d.A.)

l'Ouellé forme la partie supérieure du Chari. Cette noix de cola, en m'initiant aux habitudes locales, est pour moi une des clefs du problème que je cherche si ardemment à résoudre. »

M'adressant ensuite à Mounza, je lui fis comprendre que ce fruit m'était déjà connu ; et, étendant la main dans la direction du lac Tchad, je lui dis que, dans le pays indiqué, les grands seuls pouvaient faire usage de cette noix. J'espérais l'amener ainsi à me donner quelques détails ; mais j'eus beau faire, je ne pus entamer avec lui la discussion géographique que j'aurais voulu engager. J'appris seulement qu'on trouvait la noix de cola dans le pays, à l'état sauvage, que les indigènes l'appelaient *nangoué* et qu'ils en mâchaient des tranches pendant qu'ils fumaient.

Bientôt commencèrent les divertissements. Deux sonneurs de trompe s'avancèrent et exécutèrent des solos à tour de rôle ; c'étaient, dans leur genre, des artistes fort habiles, tellement maîtres de leur instrument, sachant donner à leurs sons une telle étendue, une telle souplesse, qu'après les avoir fait retentir à l'égal des rugissements d'un lion, ou des cris d'un éléphant en fureur, ils les modulaient jusqu'à les rendre comparables aux soupirs de la brise ou aux doux chuchotements d'une voix amoureuse. L'un de ces virtuoses, dont la corne d'ivoire était si lourde qu'il pouvait à peine la maintenir dans une position horizontale, exécuta sur cette énorme trompe des trémolos et des trilles avec autant de précision et de délicatesse que s'il eût joué de la flûte.

Vinrent ensuite des chanteurs et des bouffons. Parmi ces derniers était un petit homme dodu, qui se mit à faire des sauts et des culbutes avec tant d'agilité que ses quatre membres tourbillonnaient comme les ailes d'un moulin à vent. Couvert des pieds à la tête de touffes de poil et de queues de sanglier, et portant à la ceinture un sabre de bois, il était d'un comique si achevé, qu'à la grande satisfaction de Mounza, je ne pus m'empêcher d'éclater de rire. Ses bons mots et ses farces paraissaient inépuisables. Tout lui était permis, et il en usait effrontément ; ainsi il approchait du monarque en lui tendant la main ; et, au moment où ce dernier allait la prendre, il faisait en arrière un saut de carpe qui le rejetait bien loin de Sa Majesté. Des épis de maïs sortant du four, les premiers de la saison, avaient été mis devant moi ; avec les gestes les plus drôles, le clown me fit comprendre qu'il voulait en avoir. Je détachai quelques grains des épis et les lui jetai un à un dans la bouche ; il les reçut chaque fois avec un claquement de mâchoire si bizarre, et les mangea avec des grimaces si plaisantes, que des applaudissements frénétiques s'élevèrent de tous les points de la salle.

Un eunuque parut alors, qui servit de plastron à toute l'assemblée. Comment le roi avait-il eu cette créature ? Je n'en sais rien ; tout ce que j'ai pu savoir, c'est que ledit individu exerçait des fonctions dans l'intérieur du palais. Obèse et grotesque, il se mit à chanter et produisit l'effet d'un babouin qui grogne. Pour ajouter au ridicule du personnage, et comme par dérision des Nubiens, Mounza l'avait affublé d'un nez rouge : c'était le seul de tous les indigènes qui, dans son costume, eût quelque chose d'étranger.

Mais la partie la plus importante du programme était réservée pour la fin : tandis que chacun restait assis, le roi se leva, desserra son gilet, s'éclaircit la voix et prit la parole. Pour moi, le discours fut lettre close, car je ne pouvais songer à le faire traduire feux fois ; mais évidemment l'orateur visait à la pureté du langage ainsi qu'à l'éloquence. Il se reprenait souvent et s'arrêtait après chaque phrase à effet pour laisser le temps d'applaudir. Alors des : *Ih ! ih, tchoupi ! ih, Mounza, ih !* sortaient de toutes les bouches ; et la musique y prenant part, le vacarme devenait infernal. Parfois, comme pour stimuler les applaudissements, le roi proférait un *brr* [24] d'une telle puissance que la toiture en vibrait et que les hirondelles, nichées à l'angle des solives, s'enfuyaient avec terreur.

Le discours terminé, les timbales et les trompes jouèrent un morceau d'un rythme plus entraînant. Mounza

---

24. Il peut être intéressant de faire observer que dans le langage des Chamans, *brr* veut dire « Salut à toi ! » Ici le *brr* a évidemment le même sens, celui d'une félicitation ; car c'était toujours le signal qui faisait recommencer l'hymne célébrant la gloire du monarque. (N.d.A.)

conduisit la symphonie et le fit avec toute la solennité d'un chef d'orchestre de profession. Pour battre la mesure, il avait une baguette surmontée d'une petite sphère en vannerie pleine de cailloux et de coquilles et assez semblable au hochet des petits enfants[25].

Le discours avait duré une grande demi-heure. Pendant ce temps-là, j'avais fait le portrait du roi, celui qui figure à la première page de ce livre. Les réjouissances paraissaient vouloir se prolonger, mais la faim m'obligea à prendre congé du monarque. Au moment où je le quittais, Mounza me dit : « Je ne sais pas ce que je pourrais te donner en échange de tes présents. Je regrette d'être si pauvre et de n'avoir rien à t'offrir. » Touché de sa modestie et croyant que, dans sa munificence, il me destinait des présents magnifiques, je lui répondis : « Ne parlons pas de cela ; je ne suis pas venu ici pour les dons qui pourraient m'être faits. Nous achetons de l'ivoire aux Turcs et nous leur donnons en échange du plomb et du fer ; quant aux fusils, à la poudre et aux étoffes dont nous avons besoin, nous les fabriquons nous-mêmes. Je ne te demande que deux choses : un chimpanzé et un potamochère. – Tu les auras certainement », reprit le roi. Mais je ne reçus ni l'un ni l'autre, et pourtant ce ne fut pas faute de lui avoir rappelé sa promesse.

---

25. On se sert d'un objet semblable près de la rivière du Gabon, sur la côte occidentale. (N.d.A.)

Comme je sortais de la salle, Mounza commençait un nouveau discours. Pour moi, j'étais si fatigué du vacarme et du tumulte de cette réception que je passai le reste de la journée enfermé dans ma tente.

Le lendemain, je fus réveillé de bonne heure par mes gens ; ils m'appelaient pour me faire voir ce que m'envoyait le roi. J'aperçus de loin un groupe d'indigènes qui, avec beaucoup d'efforts et de cris, faisaient monter la côte à quelque chose de lourd.

Sur ces entrefaites, parut Abd-es-Sâmate. Il me dit qu'il avait fait observer à Mounza que mes bagages étaient dehors, exposé à la pluie prochaine ; et que le roi m'envoyait une maison pour les serrer. Je crus qu'il plaisantait ; mais je vis bientôt approcher la muraille que portaient une vingtaine d'individus, tandis qu'une autre escouade avait la toiture sur les épaules.

Peu de temps après, l'édifice était adossé à ma tente. Construite en vannerie, avec du rotin, cette maison avait exactement l'air d'un énorme panier dont le toit représentait le couvercle ; elle était carrée, d'une vingtaine de pieds de longueur, et formait un abri très commode pour mes provisions, surtout pour mes ballots de papier.

J'eus de la sorte droit de bourgeoisie chez les Mombouttous, en ma qualité de propriétaire ; et mes rapports avec les indigènes devinrent chaque jour plus intimes. Une foule considérable ne cessait pas d'entourer ma demeure et suivait d'un regard avide le moindre de mes mouvements ; les gens bien nés faisaient même apporter leurs sièges.

Tout d'abord ces visiteurs m'amusèrent ; je les accueillis par des gestes de bienveillance, et me peignai et me rasai *in conspectu omnium*. Du reste, l'étonnement était réciproque ; chaque instant m'apportait une nouvelle surprise. Je passais une grande partie du jour à faire des croquis et à prendre des notes. Malheureusement nous ne pouvions pas nous comprendre, mais je tombais parfois sur un individu sachant le niam-niam ; et, à l'aide de mes interprètes, je questionnais l'assistance et lui faisais part de mes désirs.

« Apportez-moi vos armes, disais-je à ceux qui étaient là ; apportez-moi vos outils, vos ornements, les objets que vous fabriquez, vos fruits et les feuilles des arbres qui vous les fournissent, les dépouilles et les têtes des animaux de vos forêts ; apportez-moi surtout les crânes d'homme qui restent après vos repas ; ils vous sont inutiles, et je vous donnerai du cuivre en échange. »

J'eus rarement besoin de répéter ma demande. Il s'ouvrit à ma porte un véritable marché de curiosité, et notre commerce d'échanges ne tarda pas à devenir florissant. Le premier jour, la quantité d'ossements qu'ils m'apportèrent fut surprenante. C'en était fait de mes hésitations ; j'avais désormais la certitude que les Mombouttous étaient cannibales : assez de preuves m'en étaient données pour me convaincre. Il y avait là des tas de débris de toute espèce, des fragments de têtes, des mâchoires dont on avait pris les dents pour faire des colliers.

Mes pourvoyeurs s'imaginaient que j'achèterais tout cela. J'eus beaucoup de peine à leur faire entendre que les crânes étaient pour nous des objets d'étude, qu'il me les fallait tout entiers, et que je ne payerais que ceux qui seraient intacts. Pour un crâne en bon état j'offris un bracelet de cuivre ; mais on les brisait pour en avoir la cervelle ; et sur deux cents qui me furent apportés, il ne s'en trouva que quarante absolument complets.

Chose précieuse, les gens qui me les vendaient ne manquaient jamais de dire si c'étaient des crânes d'homme ou de femme, et quelle en était la provenance ; détails indispensables pour l'étude de l'ethnologie comparée, et qui augmentent de beaucoup la valeur d'une collection. La plupart de ces têtes provenaient d'une peuplade résidant au sud et chez laquelle les Mombouttous vont souvent faire des razzias ; à peine si dans le nombre il y en avait une de la contrée.

Il était facile de voir que les fragments que l'on me présentait avaient été bouillis et grattés avec un couteau ; quelques-uns arrivaient directement du plat, car ils étaient encore humides et semblaient sortir de la marmite ; d'autres avaient l'air d'avoir été pris dans de vieux tas d'ordures, parmi les débris de cuisine, ou roulés par les eaux, qui les avaient rejetés sur la rive.

Lorsque les Nubiens virent qu'une année entière ne m'avait pas suffi pour compléter ma collection, ils furent plus que jamais convaincus que ces crânes me servaient à faire un poison subtil. Quant aux indigènes, le plus grand nombre se figuraient que je recueillais ces têtes avec l'intention de m'en nourrir. Pour l'honneur de l'Europe, ainsi que par amour de la science dont j'étais le représentant, je m'évertuais à leur faire comprendre quelle était leur erreur. J'expliquais, à ceux qui mes les apportaient, comment ces crânes servaient dans notre pays à étudier les hommes qui demeuraient en Afrique ; comment, d'après la seule conformation de la tête, nous arrivions à connaître les dispositions générales de l'individu, ses bons et ses mauvais instincts ; et j'ajoutais que c'était dans ce but que nous nous procurions des crânes de tous les points du globe.

Parmi ceux qui arrivaient chaque jour au camp pour me rendre visite, il y en avait qui venaient de très loin, entre autres les ambassadeurs de Kanna, un roi niam-niam dont le territoire s'étendait au nord et au nord-ouest du pays des Mombouttous. Ce district avait fait partie du royaume de Kifa, monarque puissant, possesseur d'énormes provisions d'ivoire qui avaient excité la convoitise des gens de Khartoum. Il avait été néanmoins fort rare que les bandes de ces derniers eussent pénétré aussi loin. Kifa, surnommé Ntîkima, avait péri, deux ans avant notre arrivée, dans une campagne entreprise contre les Mabôdés, peuplade très noire qui demeure au sud-ouest des Mombouttous. Les plus âgés de ses fils avaient fait quatre parts de son immense domaine, et Kanna avait pris la plus importante. C'était celui-ci qui nous envoyait une députation pour inviter Abd-es-Sâmate à lui rendre visite.

Déjà, pendant que nous nous dirigions vers le sud, le Kénousien avait assigné le territoire de Kifa comme dernier point de l'expédition d'un corps détaché ; mais le temps nous manquait pour faire nous-mêmes un aussi grand détour, qui nous aurait demandé plusieurs mois.

Grâce aux renseignements que me donnèrent les envoyés de Kanna sur les régions occidentales, je sus mieux à quoi m'en tenir sur le cours inférieur de l'Ouellé, et sur un de ses affluents de la rive droite. Celui-ci, qui reçoit plusieurs tributaires prenant leur source dans le district d'Ouando, paraît devenir bientôt d'une grande importance. Entre ces deux rivières (l'Ouellé et le Bahr-el-Ouando, ainsi qu'on appelle l'affluent en question) se trouvait l'ancien territoire de Kifa. D'après les renseignements que nous donnaient les Niams-Niams, ce territoire était situé au nord-nord-ouest du village de Mounza, à une distance d'au moins quarante milles.

Je fis encore à ces envoyés plusieurs questions à l'égard de Piaggia, et leur demandai si l'homme blanc avait été voir Kifa. Ils me répondirent qu'ils avaient bien entendu parler de cet homme ; mais qu'il n'était jamais venu dans leur pays ; cela concordait parfaitement avec les assertions des gens de Ghattas, qui avaient accompagné l'Italien jusqu'à la résidence de Tombo.

Dans tous les détails fort intéressants qu'il a donnés sur les Niams-Niams, Piaggia est très véridique ; mais on pourrait lui reprocher d'avoir indiqué des routes imaginaires. En outre, sa table généalogique des princes du pays est inexacte. Ainsi il fait venir Kifa immédiatement après Malingdé ou Malindo ; et il ne compte que deux journées de marche pour une distance qu'Antinori, le rédacteur de son voyage, évalue à soixante-cinq milles. Je féliciterais sincèrement le voyageur qui pourrait obtenir des gens de sa caravane qu'ils fissent treize lieues par jour, quand pour chaque ruisseau, chaque marais qu'il faut traverser, et on en rencontre à chaque instant, on perd au moins une demi-heure.

Piaggia, enfin, ne parle pas de la peuplade étrangère qui vit au sud du pays des Niams-Niams. À Indimma, la population est très mêlée, les Niams-Niams n'y étant compris que pour moitié tout au plus ; et dans la province de Kifa ils sont en minorité. Partout ailleurs les observations de Piaggia sont pleines de révélations curieuses ; mais ici il ne trouve rien à remarquer.

Au nombre des visiteurs les plus intéressants que je recevais devant ma tente, se trouvait un des fils du roi. Ce personnage distingué s'appelait Bounza ; il avait la peau d'une teinte aussi claire que celle d'un

Égyptien, et les cheveux d'un blond très pâle. Son énorme chignon, pareil à de la filasse, contrastait vivement avec les nattes d'un beau noir qui lui surmontaient le front. Comme les Mombouttous n'ont pas sur les tempes d'assez longues mèches pour faire leurs nattes frontales, ces dernières sont toujours fausses, et les cheveux blonds étant rares dans le pays, il est difficile d'en acheter.

Le prince Bounza, dont je réussis à faire le portrait, offrait tous les caractères de l'albinisme, et au même degré qu'on l'observe chez beaucoup de blonds de souche arabe ou juive. Ses yeux paraissaient craindre la lumière et avaient une expression vague ; sa tête branlait sur un cou amaigri, on s'arrêtait dans

*Nêtel et Bounza*

une position anormale. Il me rappelait deux jumeaux au teint clair que j'avais rencontrés sur la mer Rouge, des pêcheurs de Djedda qui se ressemblaient comme deux gouttes d'eau. À ce propos, et sans avoir jusqu'à quel point cette opinion est fondée, j'ajouterai qu'à mes yeux les Mombouttous portent l'empreinte marquée d'une origine sémitique. Ils ont, à cet égard, dans certains traits du visage, quelque chose de frappant, surtout dans la ligne nasale, qui ne ressemble en rien au profil du nègre : le nez de Bounza était absolument aquilin.

Entre autres membres de la famille royale, plusieurs des femmes du roi et la sœur aînée de celui-ci vinrent nous visiter. Cette dernière était repoussante. Elle n'avait pas reçu en partage la même ardeur martiale que l'une de ses sœurs appelée Nalêngbé, une amazone actuellement défunte, qui un jour, prenant le costume de guerre, s'était mise à la tête des Mombouttous et avait battu les Nubiens. La coquetterie de la vieille princesse en faisait le plastron des étrangers et de toutes ses connaissances. Elle se promenait dans le camp, et, sans vergogne, poursuivait les soldats de ses agaceries. Elle me pria de lui donner un peu de plomb. Ce métal, que pour des motifs de prudence les Nubiens n'avaient pas répandu dans la contrée, était aussi rare chez les Mombouttous que s'il venait d'être découvert; et lorsque la sœur de Mounza pouvait mettre la main sur une balle de mousquet; elle s'en faisait faire, au marteau, une jolie paire de boucles d'oreilles.

Un jour, une trentaine des épouses royales vinrent à notre camp pour recevoir les présents du Kénousien. Toutes étaient jeunes, la plupart d'une taille élevée ; petites et grandes étaient bien faites, mais leurs visages laissaient à désirer. Elles semblaient avoir rivalisé entre elles à qui aurait le plus haut chignon et la plus grande profusion d'ornements. Il y en eut deux qui voulurent bien que je fisse leur portrait ; les autres, qui, suivant l'usage, avaient fait apporter leurs petits sièges, formèrent un cercle autour de nous ; une fois assises, elles posèrent leurs bandes d'étoffe sur leur giron. Quelques-unes tranchaient sur le reste par le ton clair de leur peau et par leur chevelure blonde. Mon dessin terminé, j'offris à mes modèles un peu de verroterie pour les remercier de leur patience ; mais elles refusèrent mes colliers, disant qu'elles ne pouvaient rien accepter de moi. Venues pour recevoir les présents de Mbali (Abd-es-Sâmate), elles n'étaient pas autorisées à prendre les miens ; c'eût été faire naître le soupçon, et avec Mounza – les interprètes insistèrent sur ce point – être soupçonné c'est être condamné à mort.

Quelque intéressantes que fussent ces visites, elles ne tardèrent pas à devenir importunes. Le lendemain de mon arrivée, je fus obligé de faire entourer ma tente d'une haie d'épines ; l'obstacle n'arrêta pas la foule. Je jetai de l'eau sur les fâcheux, je fis détoner de la poudre, éclater des bombes ; tout cela inutilement. J'eus recours à Abd-es-Sâmate ; il me donna des soldats, ma porte fut gardée ; mais à peine étais-je dehors que la foule m'entourait. Les femmes surtout étaient exaspérantes ; elles me suivaient pas à pas, m'empêchaient d'herboriser, écrasaient les fleurs rares que j'avais recueillies à grand'peine. J'arrivais au désespoir. Le long des ruisseaux, à travers les vallées, j'en traînais cent derrière moi. À chaque ferme, à chaque hameau l'avalanche grossissait.

D'autres fois j'étais mieux disposé et je plaisantais avec elles. J'avais appris quelques mots de leur idiome ; quand j'en laissais échapper un, elles le reprenaient gaiement en chœur et le répétaient comme un écho. *Hozanna,* un des mots que je savais, signifie « cela n'est pas ». Je le criai un jour d'une voix de stentor, au milieu d'un groupe de femmes. « *Hozanna!* » répondirent-elles sur le champ ; et pendant un quart d'heure, répétant avec moi la même parole, elles continuèrent cet étrange concert. Il m'arrivait souvent de prononcer un de ces mots allemands qui vous disloquent la mâchoire, et je m'amusais des efforts qu'elles faisaient pour reproduire le même son. Mais ce qui amenait toujours les scènes les plus drôles c'était l'un de ces noms d'animaux formés de l'imitation du cri de la bête, memmêh, par exemple, qui veut dire chèvre. Un jour j'étais tranquillement assis à dessiner des chèvres ; tout à coup je donnai la note aux femmes qui m'entouraient. Ce fut aussitôt un concert de bêlements. « Memmêh ! memmêh ! » s'écriaient-elles. « Qu'est-ce qu'il y a ? que voulez-vous ? » demandaient les femmes qui arrivaient au bruit. Et les autres de leur répondre en chœur : « Memmeh ! memmêhêh ! » Une chèvre ! une chèvre !

Ces femmes mombouttoues, si importunes quand elles sont réunies, montrent une certaine réserve prises individuellement. Je voulais observer les détails de leur vie ordinaire, et dans ce but je m'approchais souvent de leurs cases ; mais à peine m'avaient-elles vu que, d'un bond, elles rentraient chez elles et me fermaient la porte au nez.

Il y avait de ces endroits délicieux où la végétation des tropiques s'épanouissait dans toute sa splendeur autour d'une eau limpide comme le cristal. Je me plongeais dans cette eau transparente avec une joie que doublait le souvenir des bains de fange du pays des Niams-Niams. Tout semblait contribuer à l'harmonie de la scène : le ruisseau serpentait sous un dôme de feuillage et de lianes enguirlandées de fleurs, qui le couvraient de leur ombre ; des fougères de toute sorte, au milieu d'aroïdées et de gingembres, tapissaient les rives de leurs frondes élégantes ; des troncs d'arbres, revêtus du velours des mousses, s'élevaient majestueusement comme une colonnade gigantesque et formaient à mon bain un rideau d'une beauté idéale. Même ce coin mystérieux, où l'Éden semblait perpétuer ses délices, ne m'offrait pas un refuge assuré. L'homme, a dit le poète, nous gâte, par sa présence, les merveilles de la nature ; et pour moi cette présence se révélait sous la forme de quelque hideuse femme qui m'épiait en écartant le feuillage.

J'augmentais chaque jour ma collection botanique. Près d'un sentier qui traversait le bois, je trouvai par hasard d'énormes graines d'une légumineuse que je ne connaissais pas. Les indigènes me dirent que la plante qui donnait ces graines portait le nom de markoh ; au bout de quelque temps je parvins à me procurer une gousse entière et je reconnus le fruit de l'*entada scandens*, le *sword bean* des Indes occidentales. Ces gousses atteignent cinq pieds de long sur une largeur d'un empan ; les graines qu'elles enferment sont plates et carrées, avec les angles arrondis. À l'exception de celles de quelques palmiers, ce sont les plus grandes que l'on connaisse, car elles ont souvent trois pouces de large dans tous les sens. Grâce à la solidité de leur enveloppe, elles résistent pendant des mois à l'influence de l'eau de mer, et sont transportées par les courants aux quatre coins du globe, sans perdre leur vitalité. On les rencontre sous les tropiques, dans les Indes orientales et occidentales, de même que sur les rivages d'un grand nombre d'îles de l'océan Pacifique. D'autre part, on les a trouvées dans les régions arctiques, où elles témoignent du passage du Gulf-Stream, dont elles jalonnent pour ainsi dire le cours ; et on les a vues récemment sur la côte nord de la Nouvelle-Zembie. Leur propre demeure paraît être l'Afrique tropicale, ainsi que leur présence dans le pays des Mombouttous, situé à égale distance des deux mers, semblerait le démontrer. Désireux de voir l'endroit où croissait le morokôh, j'entrepris à ce sujet une excursion qui me conduisit à deux lieues du camp, vers le sud-est.

Plusieurs ruisseaux furent traversés et nous passâmes près de beaucoup de fermes bâties à l'ombre délicieuse de bouquets d'éléis. Pendant tout le trajet nous fûmes escortés par une foule de naturels qui ne cessèrent pas de se quereller avec les Bongos et les autres nègres de ma suite, mais qui, en revanche, se montrèrent à mon égard aussi respectueux et aussi aimables que possible.

On s'attendrait à trouver sur des arbres énormes les gousses de cinq pieds de long que je cherchais alors ; on serait dans l'erreur : l'*entada scandens* n'est qu'une plante annuelle et grimpante, une liane dont la faible tige s'accroche au sous-bois des plis de terrain, où coulent des ruisseaux, et en charge les branches de ses lourds festons.

Les trois semaines de notre séjour ne passèrent que trop vite dans cette contrée si intéressante et si belle. C'étaient sans cesse de nouvelles surprises : des fêtes à la cour, des chasses auxquelles toute la population était sommée de prendre part, chaque fois que des buffles ou des éléphants s'apercevaient dans le voisinage ; puis de grands vassaux qui venaient payer le tribut et qui arrivaient suivis de leurs guerriers ; événements nombreux et divers qui me montraient toujours un nouvel aspect des coutumes nationales.

J'allais fréquemment voir le roi; je le trouvais chez lui ou dans ses greniers, distribuant des provisions à ses intendants. Un jour il me permit de visiter le palais avec Abd-es-Sâmate, et nous fit conduire par son maître des cérémonies et par le chef de ses cuisines. Le Kénousien était au courant de tous les détails, ce qui lui permettait de me faire remarquer tout ce qui en valait la peine.

Ce que je nomme le palais n'est qu'un groupe isolé d'habitations, de halles, de hangars entourés d'une palissade, et où ne peuvent entrer que le roi et les gens de sa maison. Toutes les affaires publiques sont traitées dans des salles extérieures. Des arbres, plantés régulièrement autour de l'enceinte, donnaient à cette résidence un air de confort et de paix domestique. Non seulement des éléis, mais d'autres espèces utiles entouraient la cour et témoignaient de la stabilité de cette demeure. Il n'en est pas de même chez les Niams-Niams, où l'établissement des chefs n'a rien de fixe.

Du palais je fus conduit à l'arsenal, bâtiment circulaire au toit conique. Cet édifice renfermait toutes les variétés d'armes fabriquées dans le pays, surtout des lances et des lames de sabre. J'étais invité à faire un choix parmi tous ces objets, le roi voulant ainsi me rendre l'équivalent de ce que je lui avais apporté; mais les intendants et les gardiens se montrèrent peu favorables à mes désirs. Sitôt que je choisissais une arme rare, ils refusaient de me la livrer, se réservant, pour cette pièce remarquable, d'en référer au roi. Néanmoins je trouvais dans ma tente un assortiment considérable de lances, de cimeterres, de coutelas, de javelines, d'arcs et de flèches.

Un incendie a malheureusement détruit toutes les parties combustibles de cette collection ; mais les pièces en fer et en cuivre ont été épargnées ; et je les ai rapportées en Europe comme spécimens du goût artistique et de l'industrie des Mombouttous.

J'eus le même jour l'occasion d'admirer les bœufs superbes que Mounza avait reçus d'un prince de ses amis, dont le territoire était au sud-est ; j'en ai parlé précédemment. La gravure ci-jointe représente un de ces bœufs, dont la bosse adipeuse avait des dimensions que je n'ai jamais vu atteindre chez les animaux de cette race.

Bœuf vu chez
les Mombouttous

J'avais beau demander aux indigènes des renseignements sur la contrée qui s'étend au sud de leur pays, je ne parvenais pas à en obtenir : à cet égard ils étaient muets comme la tombe. Je m'adressai au roi lui-même ; mais je n'en sus pas plus long. Toutes mes recherches allaient se heurter contre cette règle de mutisme qui est le fond de la politique africaine ; et comme il fallait que mes paroles fussent traduites deux fois, Mounza trouvait là un prétexte à des circonlocutions et à des réponses évasives qui ne m'apprenaient rien.

Ce que je tenais surtout à savoir c'était si le grand lac dont parle Piaggia existait réellement. J'interrogeai les indigènes, et j'acquis la certitude qu'ils ne le connaissaient pas. Il me fut assez difficile de me faire comprendre. Je cherchais une expression qui exprimât l'idée d'une grande étendue d'eau douce ; mais ni l'interprète arabe, ni l'interprète zandè ne pouvaient me la fournir. En Égypte et dans le Soudan égyptien, il n'y a pas de terme pour désigner un lac ; birket, foula et tirra signifient simplement flaque d'eau, étang ou marais.

Au reste, Piaggia ne parlait de ce lac que par ouï-dire, d'après les Nubiens, qui eux-mêmes pouvaient faire allusion à la découverte de Baker, dont ils n'avaient qu'une idée confuse ; ou encore d'après ce que les indigènes lui dirent de la grande eau ; mais ce que les naturels désignaient ainsi n'était que la rivière qui passe près de la demeure de Kifa.

# AU PAYS DES MOMBOUTTOUS

Mombouttous et Niams-Niams n'ont aucune notion de l'océan; ce sont les aventuriers de Khartoum, qui leur ont prêté cette connaissance[26].

Tous les récits d'indigènes décrivant des bateaux à voile ou à vapeur qu'ils ont vus, et dont les équipages étaient composés d'hommes blancs; tous les rapports d'images représentant ces bateaux, et trouvées dans les cases des naturels, sont de pures fantaisies de l'imagination orientale.

Après avoir mainte et mainte fois esquivé la question, l'interprète mombouttou finit par me dire qu'il y avait en effet, dans le pays, une eau stagnante pareille à celle que j'indiquais; et montrant l'ouest-sud-ouest : « C'est là, me dit-il à la place où naquit Mounza; nous appelons cet endroit Madimmo; les Niams-Niams le nomment Ghilli. » Et comme je demandais quelle étendue pouvait avoir le Ghilli, je reçus cette réponse désillusionnante : « Il est au moins aussi grand que le palais de roi. »

Dans l'espoir de rompre le mutisme des Mombouttous, je leur citais tous les noms qu'ils pouvaient connaître; et je demandai à Mounza s'il avait entendu parler du pays d'Oulegga et de son roi nommé Kadchoro; ou bien de Kamrasi, qui demeurait de l'autre côté de la « grande eau », derrière les montagnes du

---

26. *Cf.* la lettre du docteur Ori au marquis Antinori, *bolletino della Società geografica italiana,* tome I, p. 188. (N.d.A.)

Malegga ; et j'indiquais le sud-est, « Kamras, Kamras », dis-je en répétant le mot à la façon des Nubiens ; mais Mounza n'eut pas l'air de m'entendre et se mit à parler d'autre chose, toutefois après avoir jeté à son interprète un regard significatif ; d'où j'inférai que Kamrasi ne lui était pas inconnu.

Quelque temps après, le roi me reprocha brusquement de ne pas lui avoir donné assez de cuivre. Je connaissais la rapacité des chefs africains et je n'étais surpris que d'une chose, c'était que Mounza ne m'eût pas déjà harcelé de ses réclamations. Il me rappela la quantité de cuivre qu'il avait reçue d'Abd-es-Sâmate. Je lui fis observer à mon tour que je ne lui avais pas acheté d'ivoire, et il accepta cette excuse ; mais bientôt il me fit demander mes chiens.

C'étaient deux bêtes que j'avais amenées du pays des Bongos. Bien qu'elles fussent de petite taille, elles paraissaient grandes auprès des chiens mombouttous et niams-niams, qui sont de race minuscule : il n'en fallait pas davantage pour exciter l'envie du roi. Il n'avait jamais vu de chiens pareils et il voulait absolument les avoir ; non pas pour les manger, disait-il, c'était pour les garder. Je lui répondis que j'aimais ces animaux, que je les avais vus grandir, que c'étaient mes enfants, que je ne consentirais à aucun prix à me séparer d'eux ; bref, qu'autant vaudrait me demander ma chevelure.

Mais le roi s'était dit qu'il aurait mes chiens ; et tous les jours il réitérait sa demande en l'appuyant de nouveaux dons ; toutefois je restais inébranlable. Un matin cependant le message me fut apporté par deux esclaves, un homme et une femme, dont l'aspect me fit changer d'avis : c'étaient deux Akkas ; et je résolus de troquer un de mes chiens contre un spécimen de ce petit peuple. Mounza fut enchanté. Il m'envoya deux de ses nains, y joignant ce message plein de malice : « Tes chiens, m'as-tu dit, sont tes enfants ; que penseras-tu si je réponds que je suis le père des Akkas ? »

J'acceptai le plus petit des deux, un garçon d'une quinzaine d'années, avec l'espoir de le conduire en Europe comme la preuve vivante d'un fait que nous avions traité de mythe pendant tant de siècles. Mon Akka s'appelait Nsévoué et trouva en moi un véritable père. Je l'habillai et le fis servir comme s'il eût été mon propre fils.

Il était grand temps de céder au caprice de Mounza ; on ne lasse pas toujours impunément la patience d'un césar cannibale.

Ce marché, du reste, me rendit la faveur du roi ; et la défense qui avait été faite aux habitants de me

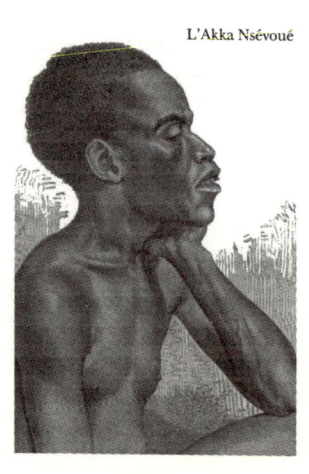

L'Akka Nsévoué

vendre les produits et les curiosités du pays fut levée le jour même. Je pus alors me procurer une assez grande quantité de bananes mûres, dont je me fis une boisson très saine et fort agréable, qu'on obtient en laissant fermenter le fruit pendant vingt-quatre heures.

Cependant Abd-es-Sâmate commençait à voir que se provisions ne seraient bientôt plus suffisantes pour nourrir les nombreux porteurs de sa caravane. En conséquence il envoya un détachement à Isinghêrria, de l'autre côté de l'Ouellé, pour se procurer du grain et d'autre provende. Moi-même j'étais obligé de me passer de pain; car il n'y avait même pas d'éleusine; et il fallait me contenter d'une sorte de galette visqueuse, faite avec du manioc et des bananes.

Les Mombouttous n'élevant pas de bétail, j'en aurais été réduit à ne vivre que de fruits et de légumes, si je n'avais entendu dire qu'un grand nombre de chèvres avaient été prises chez les Mômbous et se trouvaient alors dans le pays. Je priai le roi de m'en procurer quelques-unes, offrant de lui donner, par tête, trois anneaux de cuivre pesant chacun un tiers de livre. J'eus de cette façon une douzaine de chèvres grasses, les plus belles que j'eusse rencontrées depuis mon départ de Khartoum.

Il y en avait de deux sortes : les unes ressemblaient d'une manière frappante à celles que l'on voit chez les Bongos, et avaient comme elles de longs poils sur le cou et sur les épaules. Les autres différaient de toutes les races que nous avons décrites ; elles s'en distinguaient par la convexité du chanfrein et par l'égale distribution des longs poils de la robe. Ces gracieux animaux, d'un noir brillant, sont presque entièrement nourris de feuilles de bananier, régime qui leur convient à merveille. Dès que j'en eus une demi-douzaine, je les fis abattre et désosser par mes porteurs qui n'avaient rien à faire. La viande, débarrassée des tendons et hachée menu, fut mise à bouillir dans de grands vases ; on laissa refroidir, et on passa la bouillie que l'on fit cuire de nouveau jusqu'à ce qu'elle fût réduite à l'état d'épaisse gelée.

L'extrait de viande ainsi obtenu se conserva parfaitement ; il devint pour nous une précieuse ressource et retarda le jour de malheur où il fallut se résigner à souffrir de la faim.

Depuis quelques années, en surplus d'Abd-es-Sâmate, deux compagnies fréquentaient le pays des Mombouttous : les gens d'Agâde et ceux des frères Poncet, dont les établissements tombèrent plus tard aux mains de Ghattas, comme on l'a vu dans le premier volume, page 361[27].

Par suite de l'arrangement qui avait été fait, ces compagnies devaient restreindre leurs opérations

---

27. Dans la région de Mvolo, les frères Poncet possédaient des établissements destinés au commerce de l'ivoire. Devant les difficultés rencontrées avec les populations locales, les frères Poncet décidèrent de céder leurs zéribas au gouvernement égyptien en échange d'un pourcentage sur les ventes pendant trois ans. (N.d.É.)

commerciales aux districts de l'est, où régnait Degbêrra. À leur départ, elles laissaient toujours derrière elles un petit détachement pour veiller à leurs intérêts et pour empêcher la concurrence. Les soldats de Poncet et d'Agâde, qui se trouvaient alors en garnison dans les districts de Koubbi et de Benda et qui n'étaient pas à plus de deux jours de marche de notre camp, saisirent avec joie l'occasion de voir des compatriotes et d'apprendre les nouvelles de Khartoum ; ce qui nous procura leur visite.

Tous se trouvaient à merveille du pays des Mombouttous, dont le climat vaut mieux que celui des zèribas du nord. Ils s'étaient mariés, avaient des enfants et ne se plaignaient que de la monotonie de leur existence et du changement de nourriture. Malgré l'horreur que leur inspirait l'anthropophagie, ces musulmans fanatiques parlaient avec respect et admiration des habitants.

Sâmate lui-même avait laissé chez Mounza quelques-uns de ses Nubiens. Ceux-ci avaient obtenu la permission de se construire des zèribas et de planter autour de leur demeure des patates, du manioc et des bananiers. Leur privilège ne s'étendait pas au delà. Aucun pouvoir ne leur avait été accordé sur les indigènes, mais, si faible que fût leur nombre (de dix à vingt dans chaque poste), ils étaient complètement en sécurité derrière leurs palissades. Les Africains ne sont pas, comme les Peaux-Rouges d'Amérique, tout prêts à sacrifier quelques hommes pour remporter une victoire ou pour s'emparer du butin qu'ils convoitent. Les Mombouttous connaissent parfaitement l'avantage que leur donne la supériorité du nombre et ne se laissent pas intimider par la bravoure des Nubiens : mais ils savent qu'ils ne peuvent les attaquer sans voir tomber quelques-uns des leurs, et pas un d'eux ne veut courir le risque d'être parmi les victimes. C'est ainsi que la perspective de deux ou trois morts empêche des milliers d'hommes de livrer un combat où la force numérique finirait par triompher.

Lorsque Mounza n'eut plus d'ivoire en magasin, Abd-es-Sâmate se disposa à partir pour le sud, où il voulait s'ouvrir de nouveaux marchés. J'entrai dans ses projets avec enthousiasme. « N'as-tu pas dit que nous irions au bout du monde ? m'écriai-je : ainsi donc, en avant ! » Mais le roi, qui tenait à conserver le monopole du cuivre, s'opposa à nos plans de la manière la plus formelle : or, sans l'aide de Mounza, il était impossible de se procurer des vivres en quantité suffisante pour un aussi long voyage. Néanmoins, voulant savoir à quoi s'en tenir, Abd-es-Sâmate donna le commandement d'une petite troupe à son neveu et l'envoya en avant-garde.

Après trois jours de marche au sud-est, la petite bande atteignit le Nomâyo, tributaire de l'Ouellé ; elle était alors chez Moûmméri, l'un des lieutenants de Mounza. À moitié chemin, elle avait fait halte chez un autre gouverneur de district appelé Nouma. Les deux chefs étaient frères du roi et ne voulurent rien vendre sans l'ordre formel de celui-ci. La petite caravane fut donc obligée de revenir sans avoir atteint son but.

Le désappointement fut cruel : renoncer au plus beau de mes rêves au moment où il se réalisait ! Pour comble de malheur, Abd-es-Sâmate se voyait contraint d'abréger de plusieurs semaines le séjour, déjà trop bref, que nous devions faire chez Mounza. Il pensa d'abord à marcher vers le sud en traversant la partie occidentale du pays des Mombouttous, mais ce projet n'avait aucune chance de réussir.

Je voulais rester avec les gens qu'Abd-es-Sâmate laisserait à la zèriba, espérant trouver plus tard l'occasion de pénétrer dans ces régions du Sud que je souhaitais si ardemment de connaître. Mon protecteur ne voulut jamais y consentir ; mes gens eux-mêmes ne se souciaient nullement de seconder mes vœux. La position, en effet, eût été difficile : comment se ravitailler pendant les deux années suivantes ? Comment, d'ailleurs, entreprendre une nouvelle expédition ? à peine s'il me restait de quoi revenir. Pouvais-je ensuite confier à d'autres le soin de veiller sur mes collections, si péniblement amassées ? D'autre part, voyager dans l'intérieur sous l'escorte des Mombouttous n'avait rien de séduisant : il m'aurait fallu être le compagnon de leurs razzias, le témoin de leurs actes de cruauté et de cannibalisme : tout bien considéré, je renonçai à mon projet.

Quelle perspective différente – voyant s'ouvrir devant moi ces régions inexplorées – si j'avais eu à ma disposition la somme qu'il me fallait ! Mais il semble que pour les explorations africaines le bonheur et l'argent soient, comme en physique, le temps et la force, en rapport inverse : ce qu'on gagne d'un côté, on le perd de l'autre. Des voyageurs heureux et pleins de santé, ainsi que Gerhard Rohlfs[28] et Karl Mauch[29], n'avaient que de faibles ressources pécuniaires, tandis que des voyageurs opulents (miss Tinné[30], le baron von der Decken[31]) rencontraient mille obstacles, étaient pris de maladie ou frappés de mort.

Une expédition aussi amplement pourvue de toutes choses que celle de Speke aurait pu continuer sa marche, en dépit de toute volonté contraire : du cuivre eût triomphé de la résistance du roi, mais le cuivre manquait.

Si l'on pouvait opposer la force à la force, rendre défi pour défi, tous les princes indigènes seraient vos alliés ; de même que Mtésa et Kamrasi, ils vous accueilleraient à bras ouverts. Avec deux cents Khartoumiens à l'épreuve de la fièvre, s'accommodant de toute espèce de nourriture, se jouant des ruses et des

---

28. Gerhard Rohlfs (1831-1896) : explorateur allemand du Sahara. (N.d.É.)
29. Karl Mauch (1837-1875) : explorateur de l'Afrique australe. (N.d.É.)
30. Alexandrine Tinné (1837-1875) : fille d'un marchand hollandais. Elle explore la région du Nil dans les années 1860. (N.d.É.)
31. Baron Karl von der Decken (1833-1865): explorateur russe du Kilimandjaro, assassiné en Somalie. (N.d.É.)

chicanes des chefs, on irait n'importe où. Dix mille thalaris dans ma bourse, ou déposés à Khartoum, et j'allais au Bornou avec le Kénousien. La somme aurait suffi pour faire marcher les soldats; j'aurais été maître de la situation, et Sâmate se serait procuré autant d'ivoire qu'il aurait voulu.

On voit par ces détails qu'il serait possible, avec l'aide des compagnies de Khartoum, de pénétrer jusqu'aux régions les plus reculées du continent, sans avoir pour cela à faire d'énormes dépenses. Mais je crains qu'une occasion aussi favorable que celle que j'avais rencontrée ne se présente pas de sitôt.

Nos journées passaient rapidement chez les Mombouttous; nous avions de temps à autre la visite de Mounza et les fêtes se succédaient toujours. La plus belle fut donnée à l'occasion de l'arrivée de Moûmméri. Celui-ci avait fait chez les Mômvous une fructueuse campagne et venait mettre aux pieds du roi la part de butin qui lui était due, c'est-à-dire de l'ivoire, des esclaves et des chèvres. Le roi, donnant déjà l'hospitalité à un nombre considérable d'étrangers, décida que Moûmméri, dont la suite était fort nombreuse, ne passerait qu'une nuit au palais, et les réjouissances furent commandées pour le lendemain.

Malgré un temps froid et pluvieux, les cris d'allégresse nous annoncèrent de bonne heure que la fête avait commencé. Vers midi on vint me prévenir que l'animation était au comble et que le roi lui-même dansait devant toute la cour. La bruine continuait. Comme vêtement d'apparat, je revêtis un grand paletot noir et me dirigeai en toute hâte vers la salle où la fête avait lieu. Là m'attendait une scène d'un caractère unique. Autour d'un carré spacieux et vide étaient les quatre-vingts épouses du roi, assises sur leurs petits tabourets et peintes avec le plus grand soin ; des guerriers, en grand costume, formaient derrière elles une haie compacte, hérissée de lances. Tous les instruments dont on pouvait disposer avaient été requis ; et c'était une mêlée indescriptible de tambours, de timbales, de cors, de trompes, de sifflets, de cloches, de sonnettes, à laquelle se joignaient les vigoureux applaudissements de ces dames, qui battaient des mains à tout rompre. Le reste de la salle était rempli des personnes de la cour, et au milieu de tout ce monde dansait le roi. Quel spectacle !

Se montrer à leurs sujets sous un costume nouveau est pour ces monarques africains une joie sans égale. Or Mounza, qui avait une maison tout entière encombrée de fourrures et d'ornements, pouvait se procurer ce plaisir autant que bon lui semblait. Cette fois il avait sur la tête une peau de babouin, surmontée d'un bouquet de plumes flottantes ; on eût dit qu'il était coiffé d'un bonnet de grenadier. Des queues de genette lui pendaient aux bras, des touffes de queue de potamochère lui entouraient les poignets, des queues de différente espèce lui formaient un épais tablier, et de nombreux anneaux décoraient ses jambes nues, qui en faisaient sonner le métal.

Mais son costume n'était rien en comparaison de sa danse, véritable délire. Tandis que ses bras se lançaient dans toutes les directions, sans jamais cesser de battre la mesure, ses jambes tantôt s'allongeaient parallèlement au sol, tantôt prenaient la verticale, ainsi que le font celles d'un clown; le tout avec une rapidité, une furie vertigineuse, et au bruit d'une musique non moins monotone que sauvage : quatre notes seulement, toujours les mêmes :

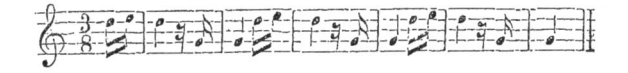

Depuis combien de temps cela durait-il ? Je l'ignore. Tout ce que je peux dire, c'est qu'à mon arrivée Mounza gambadait et pirouettait avec l'affolement du plus ivre des derviches. Je m'attendais sans cesse à le voir chanceler et tomber, l'écume à la bouche, pris d'un accès d'épilepsie : mais la force nerveuse est plus grande chez les hommes de cette région que parmi les preneurs du haschich. Au bout d'une demi-heure, Mounza fit une légère pause ; puis il se remit à bondir et à se disloquer avec plus d'entrain que jamais.

La cour était si complètement absorbée par ce spectacle que mon entrée ne fut pas remarquée ; les quelques individus qui s'en aperçurent ne détournèrent même pas la tête, et je pus à loisir esquisser les principaux traits de la scène.

Puis au-dessus du tumulte des hommes gronda celui des éléments : l'orage éclata avec la violence particulière aux tourmentes des tropiques. Tout d'abord l'assemblée ne parut pas s'en émouvoir, mais la tempête déchaînée fouetta l'averse jusqu'au milieu de la salle. Les roulements du tonnerre couvrirent ceux du tambour. Le roi, qui dansait avec tant de fougue, avait disparu ; et ce fut un sauve-qui-peut général.

Je profitai de ma solitude pour aller tranquillement visiter la salle voisine. Cet édifice, dans lequel on entrait par une porte basse, n'avait pas moins de cent cinquante pieds de longueur et cinquante d'élévation ; il n'était éclairé que par d'étroites ouvertures ; cinq rangées de colonnes en soutenaient la voûte. Sur l'un des côtés se trouvait un cabinet où, suivant la coutume césarienne de changer souvent de chambre à coucher, Mounza allait de temps à autre passer la nuit. Un échafaudage, assez solide pour porter un éléphant, constituait le lit royal. Ce meuble était flanqué de plusieurs poteaux ornés d'anneaux de fer qui devaient peser au moins cinquante livres. Toute la pièce était remplie d'ornements barbares; j'y remarquai, entre autres décorations, les nombreuses figures géométriques, cercles et triangles, dont la boiserie était couverte, y compris les piliers. Ces figures étaient peintes de trois couleurs, probablement les seules que l'artiste eût à sa disposition : un rouge de sang, un jaune d'ocre et un blanc de chaux fait avec de l'album graecum.

Mounza nous fit l'honneur de venir deux fois visiter notre camp. L'arrivée de Sa Majesté nous était annoncée longtemps à l'avance par les clameurs de ses sujets, qui se pressaient en foule sur son passage.

En entrant dans l'enceinte, le roi vit le drapeau allemand flotter au haut d'un mât que j'avais planté devant ma tente; il en fut surpris et demanda quel était ce signe. Je lui expliquai la mission du drapeau, symbole national, et lui parlai de la tragique expérience qu'en avait faite le roi d'Abyssinie.

À ma grande satisfaction, il n'insista pas pour entrer dans ma tente, ni dans un vaste hangar que je m'étais fait construire récemment. Du reste, il montra beaucoup moins d'avidité que je ne m'y serais attendu. Pour reconnaître sa modération, je tâchai de l'amuser en lui exhibant mes dessins, entre autres celui où il était représenté avec les ornements de cuivre qu'il portait le jour de ma première audience. C'étaient les seules images qu'il eût jamais vues : de là sa grande surprise, que trahissait le jeu de sa physionomie. Il ouvrit la bouche autant qu'il put et se la couvrit des deux mains, exprimant de la sorte, à la façon du pays, son étonnement et son admiration. Je dus ensuite lui faire voir ma poitrine ; et quand je retroussai les manches de ma chemise il ne put retenir un cri d'ébahissement. Enfin, il termina sa visite en me priant, comme faisaient tous les autres, de vouloir bien ôter mes chaussures, ce qui n'entrait pas dans mes intentions, et il n'eut pas le spectacle désiré.

L'époque de notre départ approchait, et j'en étais encore à voir le chimpanzé et le potamochère qu'il m'avait promis[32].

Pour ce qui était du chimpanzé, on n'avait pas pu en trouver un seul ; le pays est trop peuplé et les bois qui bordent les cours d'eau ne sont pas assez épais pour servir d'asile à ce troglodyte, sans compter que ces bois sont sillonnés dans tous les sens par des chemins fréquentés. Mais le potamochère se trouvait à

---

32. Ce potamochère, le cochon de Guinée (*potamochœrus penicillatus*), est appelé par les Mombouttous *napéso*, mot qui veut dire graisse. Sa chair est considérée dans le pays comme un morceau des plus délicats. Bien moins sauvage que le potamochère à verrues (Vlacke vark des Boers), il s'apprivoise jusqu'à un certain degré, et, depuis longtemps, il est acclimaté au Brésil. Le *penicillatus* paraît habiter toute la région tropicale de l'Afrique, à partir de la côte occidentale jusqu'à Zanzibar. Burton l'a rencontré dans l'Ougogo. (N.d.A.)

côté de la résidence royale. Si Mounza l'avait voulu, il aurait aisément pu tenir sa promesse, et me procurer le spécimen que je lui demandais. Ce fut précisément cette facilité qui l'empêcha de me satisfaire. Il pensa que je pouvais prendre moi-même l'animal en question, si j'en avais envie, mais la chose n'est pas facile pour un chasseur novice. Le fusil au poing, je battis les broussailles, et toujours en vain. Une fois seulement j'aperçus mon sanglier : le temps couvert, un brouillard humide et le crépuscule assombrissaient la forêt derrière un gros arbre abattu ; je vis poindre une tête hérissée, couverte de soies rousses, et une paire d'oreilles terminées au pinceau. Je croyais tenir la bête, lorsqu'au même instant je vis près du tronc d'arbre deux de mes compagnons indigènes qui roulaient par terre et qui saignaient du nez. Comme mes propres serviteurs ne brillaient point par leur audace, je ne pus jamais leur persuader d'affronter de nouveau le boutoir de l'animal, et je dus renoncer à l'espoir de me procurer un potamochère.

En dehors des fêtes et des visites, je consacrais les matinées et les dernières heures de l'après-midi à mes courses. J'ajoutai de la sorte à ma collection des nouveautés nombreuses et inattendues.

Le milieu du jour était employé chez moi aux travaux du ménage, qui se faisaient sous ma surveillance. Arriva l'époque de la lessive : mais où trouver un baquet, un vase quelconque pouvant contenir tout le linge accumulé ? J'étais fort en peine, quand Abd-es-Sâmate eut l'ingénieuse idée d'aller emprunter le grand plat du monarque; un plat vraiment royal, une auge plutôt qu'un objet de table : cinq pieds de long, fait en bois, et d'un seul morceau [33].

---
33. Dans l'original, le texte s'arrête ici. (N.d.É.)

Guerriers Niams-Niams

# Des cannibales

Grand explorateur de l'Afrique, fondateur de l'Institut égyptien du Caire, George August Schweinfurth est né à Riga en 1836 d'un père négociant. Bien que son nom fût d'origine germanique, qu'il ait complété ses études dans les université de Heidelberg et de Berlin (où il meurt en 1925), il était de nationalité russe [1]. Docteur ès sciences naturelles, il se consacre à la botanique et entreprend des missions scientifiques en Afrique centrale grâce au financement de la fondation Humboldt (du nom du Baron Alexandre von Humboldt, éminent scientifique et grand voyageur ). En 1868, il retourne pour la seconde fois à Khartoum [2] au Soudan et explore le bassin supérieur du Nil : il sera le premier à découvrir l'Ouellé (ou Uélé), rivière de l'actuel Zaïre. Écrivain et dessinateur d'un rare talent, il donne des régions qu'il traverse des descriptions où la précision s'allie à un humour véritablement tchékhovien. Tel un cinéaste, il brosse dans le moindre détail les scènes extraordinaires qu'il est le premier Européen à découvrir : il s'attarde sur la moindre tenue, le moindre objet, la moindre pratique.

À travers ce récit de voyage, George August Schweinfurth nous fait pénétrer dans la cour fastueuse de Mounza, roi des Mombouttous, appelés aujourd'hui Mangbetu, population de l'actuel Zaïre [3], voisins des Niams-Niams, sous groupe des Azandé ou Zandé [4]. Mounza est l'un de ces potentats qui exerçaient leur domination en faisant régner la terreur sur des populations incapables de leur résister. Ce despote réputé pour sa cruauté est à l'apogée de sa gloire quand Schweinfurth le rencontre en 1870. Sa demeure, qu'il vient de faire construire dans une forêt galerie est restée comme le sommet de la splendeur mombouttoue dans le souvenir des populations locales. C'est à cette époque que commencent à arriver dans la région des commerçants arabes et nubiens venus de la vallée du Nil. En 1827, le pacha du Caire a en effet décidé de conquérir le Soudan, et depuis un quart de siècle, les commerçants égyptiens remontent le fleuve Congo, dans l'espoir d'atteindre l'Ouellé. Leur stratégie est efficace : ils installent à chaque étape des entrepôts destinés au troc. D'abord, ils se procurent de l'ivoire en échange de verroterie, cuivre, cotonnades ; puis commence le trafic d'esclaves fournis par les chefs, qui opèrent des razzias dans les tribus voisines ou dans leurs propres populations. Mais impossible pour ces commerçants de pénétrer le pays des Mombouttous : leur roi se montre intraitable. Ainsi, au temps du père de Mounza, vers 1864-1865, un certain Abou-Gourou accompagné de Nubiens armés de fusils, est repoussé par la sœur de Mounza, véritable amazone vêtue d'un pagne d'écorce, qui conduit son armée, lance et bouclier à la main. L'allure et le statut très libre de la femme mombouttoue ont toujours surpris les voyageurs. « L'expression de la pensée revêtait chez les femmes une forme plus spirituelle que chez les autres dames noires » écrit en 1892 l'explorateur Junker [5]. En 1867, un autre commerçant, Abd-es-Sâmate, tente sa chance et devient l'ami du redoutable roi Mounza. Il a eu l'habileté de s'habiller et de se comporter comme un Mombouttou pour se faire accepter. La réputation commerciale des Mombouttous ne cesse alors de s'étendre. En 1868, le puissant Abd-es-Sâmate, si bien introduit auprès des chefs de la région, offre à Schweinfurth de l'accompagner avec son escorte de guerriers : une chance extraordinaire pour le jeune explorateur qui n'a, comme ses prédécesseurs, qu'une idée en tête : continuer sa route vers le sud et remonter à la source du Nil, recherchée depuis presque mille ans. Mais Mounza s'y oppose : il veut conserver le monopole du cuivre apporté par les Nubiens.

Pourtant Schweinfurth séjourne chez lui plus longtemps que prévu, soit près de trois semaines. Le fait que les Mombouttous soient anthropophages – habitude alimentaire réservée aux hommes, les femmes ne s'y livrent pas – représente pour lui une aubaine. En effet, en plus de ses collections d'espèces végétales et animales, il monte depuis quelques années une collection de crânes pour le musée ehnologique de Berlin. Dans cette deuxième moitié du XIXe siècle, la craniométrie est une science très en vogue en Europe : le professeur de chirurgie clinique [6] Paul Broca a fondé la Société anthropologique de Paris en 1859. Selon lui, la taille du cerveau permet d'établir le degré d'intelligence des individus et des « races » humaines. En s'appuyant sur des échantillons diversifiés et des statistiques « objectives », il vise à confirmer une hypothèse largement répandue dans la société occidentale, et qu'il résume en ces termes : « Par un heureux hasard de la nature, les hommes blancs adultes occupent le devant de la scène, et au-dessous d'eux, les femmes, les pauvres et les Noirs ».

Interprétant, à sa manière, l'évolutionnisme de Darwin, il entend prouver que les « races » humaines peuvent être classées sur une échelle linéaire selon leur valeur mentale.

Pas d'état d'âme non plus chez Schweinfurth : il fait méticuleusement bouillir les têtes qu'on lui apporte afin de décoller les résidus, puis les étiquette : nom de la population, sexe, âge, etc. En réalité, ces crânes proviennent de populations habitant plus au sud, terrorisées ou razziées par les Mombouttous, et communément désignées sous le terme méprisant de « Mômvou » pour souligner leur infériorité. Elles appartiennent au rang des esclaves ou des « ennemis », chez lesquels, indique comme pour les excuser Laplume, un administrateur belge du début du XXe siècle : « On mangeait hommes, femmes, enfants ; les esclaves d'abord, les hommes libres moins souvent, et les prisonniers de marque jamais. »

Comparable à Jean de Léry qui rencontra au XVIe siècle les Indiens Tupinambas [7], George Schweinfurth se borne à noter ce qu'il voit, épargnant au lecteur les considérations morales, si fréquentes à son époque chez les Occidentaux convaincus d'apporter les bienfaits de la civilisation aux peuples qualifiés de « païens ». Passant devant une case, il aperçoit – sans émotion excessive – des femmes « en train d'échauder la partie inférieure d'un corps humain, absolument comme chez nous on échaude et l'on racle un porc, après l'avoir fait griller…. Quelques jours après je remarquai, dans une maison, un bras d'homme qu'on avait suspendu au-dessus du feu, évidemment pour le boucaner ». Il a probablement lu Montaigne, pour qui « il y a plus de barbarie à manger un homme vivant qu'à le manger mort ».[8]

Ne pouvant continuer sa route vers le Sud, Schweinfurth est cependant contraint de reprendre la route du nord avec Abd-es-Sâmate. Tous deux quittent le bassin de l'Ouellé le 30 avril 1870. Trois ans plus tard, Mounza est assassiné d'un coup de fusil et transpercé par une lance, son palais est brûlé. Sa mort met un terme à l'autorité des Mombouttous centralisée en Haut Ouellé. Son territoire, ainsi que ses biens et ses femmes sont aussitôt divisés… En 1885, le Congo passe sous la tutelle du roi des Belges avec le titre d'État indépendant du Congo. En 1896, l'administration belge estime que le Haut Ouellé a été assujetti. De la magnifique demeure de Mounza, il ne restait déjà plus rien.

Seules quelques publications nous ont laissé le témoignage de ce peuple alors totalement méconnu. En 1877, un ouvrage abrégé du *Cœur de l'Afrique* a été publié, mais la sélection des informations laisse perplexe : curieusement, si l'auteur déplore les goûts funestes des Mombouttous, il ne dit mot de la collecte de crânes effectuée par Schweinfurth. Un autre ouvrage *Histoire des Mangbetu et des Matshaga jusqu'à l'arrivée des Belges,* écrit en 1961 par le Dominicain Paul Denis [9], ne signale tout simplement pas l'anthropophagie de ce peuple. En revanche, il ne ménage pas ses éloges à l'égard de Mounza, « souverain aux vues grandioses ». Il admire comme tous les Occidentaux « le luxe d'un prince fastueux, qui mit au service de sa gloire toutes les ressources d'une population aimant les amusements et les beaux édifices » : harmonie de la langue, originalité des parures, goût pour les arts... Montaigne a raison : nos jugements de valeur sont influencés par notre milieu, une histoire, une réflexion sur l'un et l'autre. « Chacun appelle barbarie ce qui n'est pas de son usage » dit-il sagement [10]. Comment expliquer que le raffinement culturel d'un peuple aille de pair avec la férocité de son comportement ? Paradoxe sur lequel continue à s'interroger George Steiner à propos de la barbarie nazie [11]...

Livre introuvable, jamais réédité depuis la fin du XIXᵉ siècle, *Au Cœur de l'Afrique* de George Schweinfurth, est un document exceptionnel qui donne à lire les premiers regards portés sur le continent noir.

DOMINIQUE SEWANE

---

Anthropologue, Docteur de l'École pratique des hautes études (sciences religieuses), Dominique Sewane poursuit depuis 1980 des recherches sur la vie rituelle des Batammariba du Togo, sur lesquels elle a récemment publié trois ouvrages : *La Nuit des Grands Morts – L'initiée et l'épouse chez les Tamberma du Togo*, préface de Jean Malaurie, (Économica, coll. « Afrique Cultures », 2002) ; *Le souffle du mort – Les Batãmmariba (Togo, Bénin)*, (Plon, coll. « Terre Humaine », 2003 ; prix Robert Cornevin), *Le Peuple Voyant – Carnets d'une ethnologue*, (La Martinière, 2004).

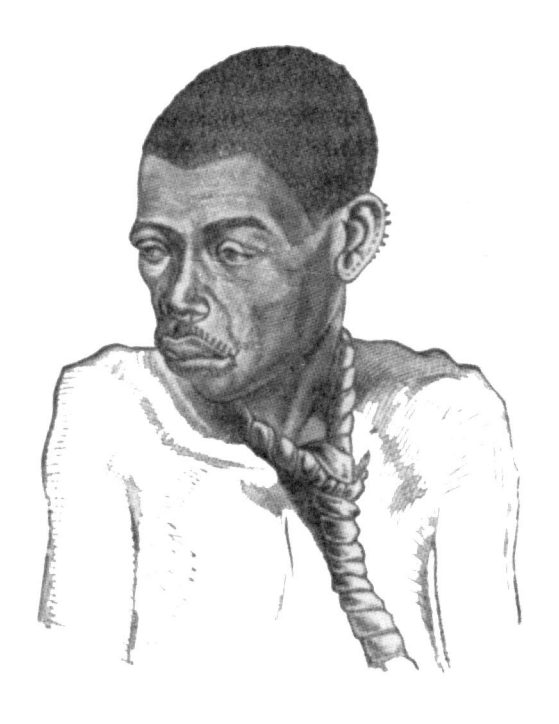

Esclave baboûkre

# Notes

1. À l'époque, Riga, conquise par Pierre le Grand, était la capitale de trois gouvernements russes : Livonie, Courlande et Estonie.
2. Cinq ans plus tôt, il s'était déjà rendu à Khartoum depuis l'Éthiopie.
3. Aujourd'hui, le terme Mangbetu désigne différentes populations de même aire culturelle et politique, appartenant au groupe linguistique mangbetu, situées dans la province du Haut Zaïre, entre les rivière Uélé, au nord, et Bomokandi, au sud. Il est donc impossible de préciser qui sont les descendants directs des Mombouttous ou Mangbetu proprement dits. L'anthropophagie a disparu dans cette région.
4. Les Azandé ou Zandé sont connus grâce, notamment, aux travaux de E. E. Evans-Pritchard. Ils devaient aux Dinka leur surnom de « Niam-Niam » ou « gros mangeurs » en référence à leur cannibalisme, toutefois moins prononcé que chez les Mombouttous.
5. Wilhelm Junker, voyageur russe d'expression allemande qui visite la région en 1892, auteur des *Voyages en Afrique* (*op. cit.*)
6. Il prend un poste à la faculté de médecine de Paris en 1861.
7. Jean de Léry (1534-1613), jeune protestant français émigré au Brésil pendant les guerres de religion, a laissé un témoignage unique sur la vie de ces Indiens anthropophages dans son « Histoire d'un voyage fait en la terre du Brésil » (1578) ; *cf. Les Indiens du Brésil*, Mille et une nuits, 2001.
8. Montaigne, *Des cannibales*, Mille et une nuits, 2000, p. 30
9. *Cf. Histoire des Mangbetu et des Matshaga jusqu'à l'arrivée des Belges*, Archives d'ethnographie, n°2, Musée Royal de l'Afrique centrale – Tervuren (Belgique), 1961.
10. Montaigne, *op. cit.*, p. 20
11. George Steiner, *Dans le château de Barbe Bleue. Notes pour une redéfinition de la culture*, trad. de l'anglais par Lucienne Lotringer, Paris, Gallimard, 1971.

# Repères bibliographiques

**ŒUVRES DE GEORGES A. SCHWEINFURTH**
- *Im Herzen von Afrika*, Leipzig, Brockhaus S.A., 1873.
*Artes Africanae : Illustrations and descriptions of the Industrial Arts of Central African Tribes,* Londres, Samson Low, 1875.
*Au cœur de l'Afrique (1868-1871). Voyages et découvertes dans les régions inexplorées de l'Afrique centrale,* traduit par Mme H. Loreau, 139 gravures, deux cartes, t. 1 et t. 2, Paris, Hachette, 1875.
*Au cœur de l'Afrique (1868-1871)*, abrégé, J. Belin-Delaunay, Paris, Hachette, 1877, 279 p.

**OUVRAGES SUR LES MOMBOUTTOUS**
- BRAZZA (Pierre SAVORGNAN DE), *Conférences et lettres sur ses trois explorations dans l'ouest africain* (texte publié par Napoléon Ney), Brazzaville, éditions bantoues, 1984.
- CASATI (Gaetano), *Le Pays d'origine des Mangbetu*, Bulletin de la Société Royale belge de Géographie, XXI, Bruxelles, 1897.
- CHRISTIAENS, *Le Pays des Mangbetu*, Bulletin de la Société Royale belge de Géographie, XXI, Bruxelles, 1897.
- CORNEVIN (Robert), *Histoire du Zaïre. Des origines à nos jours. Les Royaumes d'Uélé, Azandé et Mangbetu*, Hayez, Bruxelles, Académie des Sciences d'Outre-mer, Paris, 1989.

- Denis (Paul), *Histoire des Mangbetu et des Matshaga jusqu'à l'arrivée des Belges,* Archives d'ethnographie, n°2, Musée Royal de l'Afrique centrale – Tervuren (Belgique), 1961.
- Evans-Pritchard (Edward E.), *Sorcellerie, oracles et magie chez les Azandé* (1937), Paris, Gallimard, 1972.
- Harrison (William), *Burton et Speke – Aux sources du Nil,* Paris, Presses Pocket, 1990.
- Holas (B.), *L'Homme noir d'Afrique,* Dakar, Institut d'Afrique Noire, 1951, 107 p., 48 planches.
- Hubbard (Marynez), « À la recherche des Mangbetu (Haut Zaïre) », Les Cahiers du CEDAF, n°4, 1975, Bruxelles, 37 p.
- Hugon (Anne), *L'Afrique des explorateurs – Vers les sources du Nil,* Paris, La Découverte, 1991, 175 p.
- Humboldt (Alexandre de), *Cosmos, : essai d'une description du monde,* trad. par H. Faye, 4 vol. Paris, Gide et Baudry, 1855-1859.
- Junker (Wilhelm), *Travels in Africa,* 3 volumes, Londres, Chapman and Hall, 1890-1892.
- Ndaywel (É. Nziem Isidore), *Histoire du Zaïre. De l'héritage ancien à l'âge contemporain. Les Azandé et les Mangbetu,* Paris, Duculot, Afriques Éd., 1997.
- Van Overbergh (Cyril) et de Jonghe (Édouard), *Les Mangbetu (Congo Belge),* Bruxelles, Albert de Wit et Institut International de Bibliographie, 1909, 594 p.

### Ouvrages sur la craniométrie

- Broca (Paul), *Sur le volume et la forme du cerveau suivant les individus et suivant les races,* Bulletin de la Société d'Anthropologie, Paris, 1861, vol. 2 : pp. 139-207, 301-321, 441-446 ;
*Sur la mensuration de la capacité du crâne,* Mémoires de la Société d'Anthropologie, 1873, 2e série, vol. 1, 92 p.
- Darwin (Charles), *La Descendance de l'homme et la sélection sexuelle* (1871), traduit par E. Barbier, Rheinwald, Paris, 1881.
- Gould (Stephen Jay), *La Mal-mesure de l'homme – l'intelligence*

*sous la toise des savants,* traduit de l'américain par J. Chabert, Paris, Ramsay, 1974, 397 p.

#### Ouvrages généraux
- Montaigne, *Des cannibales*, Paris, Mille et une nuits, 2000.
- Sewane (Dominique), *Le Souffle du mort. Les Batammariba (Togo, Bénin)*, Paris, coll. « Terre humaine », Plon, 2003, 660 p.
- Steiner (George), *Dans le château de Barbe Bleue. Pour une redéfinition de la culture*, trad. de l'anglais par Lucienne Lotringer, Paris, Gallimard, 1971.

*Mille et une nuits* propose des chefs-d'œuvre pour le temps d'une attente, d'un voyage, d'une insomnie…

**La Petite Collection (*extrait du catalogue*)** 415. Jean MALAURIE, *L'Allée des baleines*. 416. Olympe de GOUGES, *Déclaration des droits de la femme et de la citoyenne*. 417. Restif de la BRETONNE, *Le Pornographe ou la prostitution réformée*. 418. Henry David THOREAU, *De la marche*. 419. OULIPO, *Maudits*. 420. NAPOLÉON, *Comment faire la guerre*. 421. Paul VERLAINE, *Mes prisons*. 422. Paul VERLAINE, *Mes hôpitaux*. 423. D. A. F. SADE, *Idées sur les romans et sur le mode de la sanction des lois*. 424. Franz KAFKA, *Lettre au père*. 425. Désiré NISARD, *Contre la littérature facile*. 426. Emmanuel KANT et Benjamin CONSTANT, *Le Droit de mentir*. 427. Théophile GAUTIER, *La Mille et deuxième Nuit*. 428. Octave MIRBEAU, *Sac au dos*. 429. SÉNÈQUE, *De la tranquilité de l'âme*. 430. Guy de MAUPASSANT, *L'Inconnue et autres portraits de femmes*. 431. Honoré de BALZAC, *La Presse parisienne*. 432. Jules LERMINA, *La Deux fois morte*. 433. Heinrich von KLEIST, *De l'élaboration progressive des idées par la parole*. 434. Denis DIDEROT, *Lettre sur le commerce de la librairie*. 435. Edmondo DE AMICIS, *De la guerre et autres textes*. 436. Jean-Pierre BRISSET, *La Grande Nouvelle, ou comment l'homme descend de la grenouille*. 437. COLETTE, *Lettres à Tonton*. 438. SAINT AUGUSTIN, *La Mémoire et le Temps*. 439. George SAND, *Lettres d'Italie à Musset*. 440. Éric DUSSERT (édition établie par), *Au fil de l'eau. Les Premiers Haïku français*. 441. Patrick BESSON, *Le Sexe fiable*. 442. Khalil GIBRAN, *Les Ailes brisées*, suivi de *Satan*. 443. Paul REBOUX, *Les Animaux et l'Amour*. 444. Li BAI, *Écoutez là-bas, sous les rayons de la lune…* 445. MENCIUS, *De l'utilité d'être bon*. 446. Alain CRÉHANGE, *Le Pornithorynque est un salopare. Dictionnaire de mots-valises*. 447. Pierre KROPOTKINE, *La Morale anarchiste*. 448. Émile ZOLA, *Le Carnet de danse*, suivi de *Celle qui m'aime*. 449. Jeremy BENTHAM, *Défense de la liberté sexuelle. Écrits sur l'homosexualité*. 450. PLUTARQUE, *Dialogue sur l'amour*. 451. Arthur SCHOPENHAUER, *Du néant de la vie*. 452. GEORGE A. SCHWEINFURTH, *Au pays des Mombouttous*.

Pour chaque titre, le texte intégral, une postface,
la vie de l'auteur et une bibliographie.

49.49.34.01.3
N° d'édition : 52480
Achevé d'imprimer en mai 2004,
par Liber Duplex (Barcelone, Espagne).